中国旅游发展年度报告书系
Annual Development Report of China's Tourism

中国出境旅游发展年度报告
2018

ANNUAL REPORT OF CHINA OUTBOUND TOURISM DEVELOPMENT 2018

中国旅游研究院

北京·旅游教育出版社

责任编辑：郭珍宏

图书在版编目（CIP）数据

中国出境旅游发展年度报告. 2018 / 中国旅游研究院著. -- 北京：旅游教育出版社，2018.7
　ISBN 978-7-5637-3792-5

Ⅰ. ①中… Ⅱ. ①中… Ⅲ. ①国际旅游－研究报告－中国－2018 Ⅳ. ①F592.3

中国版本图书馆CIP数据核字(2018)第166165号

中国出境旅游发展年度报告2018
中国旅游研究院　著

出版单位	旅游教育出版社
地　　址	北京市朝阳区定福庄南里1号
邮　　编	100024
发行电话	（010）65778403　65728372　65767462（传真）
本社网址	www.tepcb.com
E - mail	tepfx@163.com
排版单位	北京旅教文化传播有限公司
印刷单位	北京中科印刷有限公司
经销单位	新华书店
开　　本	787毫米×1092毫米　1/16
印　　张	9
字　　数	124千字
版　　次	2018年7月第1版
印　　次	2018年7月第1次印刷
定　　价	55.00元

（图书如有装订差错请与发行部联系）

《中国出境旅游发展年度报告 2018》编辑委员会

主任委员
杜　江　中华人民共和国文化和旅游部党组成员

副主任委员
戴　斌　中国旅游研究院院长、教授、博士

编　　委（按姓氏音序排序）
戴　斌　何琼峰　蒋依依　李仲广　马仪亮
宋子千　唐晓云　吴丰林　吴　普　杨宏浩

《中国出境旅游发展年度报告 2018》编写组

主　编
戴　斌　中国旅游研究院院长、教授、博士

执行主编
蒋依依　中国旅游研究院国际旅游研究所所长、博士

编辑部成员
杨劲松　杨丽琼　何琼峰　郭　娜　戴慧慧
张佳仪　王书悦　汲忠娟

前　言

纵观全球有影响力的双边、多边和区域合作，安全和经济都是首当其冲的战略选项。早期的北约和曾经的华约谋求缔约国家的集体安全，欧盟的前身煤钢共同体、石油输出国组织欧佩克谋求资源和生产要素的定价权。从G7（七国集团）、G20（二十国集团）、OECD（经合组织）、APEC（亚太经合组织）等全球性的国家对话与合作平台的历年峰会主题来看，基本上都是围绕安全、经济和贸易等主题展开的。在这个世界和平大趋势与地区热点并存，经济全球化不断受到贸易保护主义挑战的今天，安全与经济领域的对话、共识和行动框架无疑是国家间合作不可忽视的首要内容和关键主题。

有史以来，人类从未停止对美丽风景的向往和美好生活的追求。丝绸之路、万里茶路、郑和下西洋和地理大发现，人类在这颗孤独的星球上越走越远。工业革命带来了交通工具的改进和交通网络的完善，让"八十天环游世界"的梦想照进了现实。"二战"后，欧美国家开始进入了大众旅游时代，旅游开始进入国家和地区合作体系，并成为政要们严肃话题之外的谈资。今天，亚太已经成为欧洲、北美之外的旅游经济第三极。2017年，国际旅游市场规模已经达到了13.22亿人次，同比增长7%，旅游对经济的综合贡献均超过了10%，对就业的综合贡献也逼近10%。在旅游服务贸易活动和市场主体的共同推动下，旅游从国际合作的边缘走向中心，并发挥积极作用的时机已经成熟。

顺应时代发展和人民日益增长的美好生活需要，中国积极倡导旅游领域的国际合作。2012—2013年、2016年和2017年，中国先后与俄罗斯、印度和哈萨克斯坦互办旅游年，通过旅游宣传、民众往来和投资合作，成员国的形象在年轻人心中开始从陌生的邻居发展到熟悉的朋友。原来见面会问："阿拉木图怎么样，阿斯塔纳在哪里？"现在一起讨论迪马希和鹿晗谁更帅。之前只是从广播、电视、报纸和文学作品中建构起一个永不言败、自强不息又略带忧伤的俄罗斯，现在还要加上生活乐观、积极向上和人文时尚的印象。还有更多的中国游客在泰姬陵感受古老的印度文明,在孟买和新德里看到了现代印度的繁荣与进步。国之交,在于民相亲,有了民众之间的频繁往来,特别是年轻人之间面对面的接触,也就有了国家关系的民意基础。正如习近平主席所指出的那样:"人民对美好生活的向往就是我们的奋斗目标,""中国人自古以来就是读万卷书,行万里路的传统……出国旅游尤为人民所向往。"为了保障不同国家、不同地区之间的民众能够跨越国境自由而便利往来,为了进一步夯实国家外交的民意基础,为了让区域多边合作更有活力,把旅游纳入上合组织的战略议题,扩大成员国之间的旅游交流,扩大成员国之间的旅游合作正当其时。

正如我们看到的那样,源于1996年"上海五国"会晤机制的上海合作组织(SCO:Shanghai Cooperation Organization)成立初衷和早期任务聚焦于政治互信、地区安全和经济合作,后来逐渐加入了科技、文化、教育、环境保护等方面的合作内容。近年来,随着组织影响力的扩大和各项工作机制的稳定,特别是各成员国对旅游发展的重视和区域内旅游市场的持续增长,旅游被纳入了战略合作的框架。在成员国、观察员和对话合作伙伴国双边旅游交流持续增长,旅游合作日渐深化的基础上,各方于2016年峰会签署《上合组织成员国旅游合作发展纲要》,2017年进一步签署了《〈上合组织成员国旅游合作纲要〉联合行动计划》。各方共同认识到:通过成员国之间的旅游交流合作,促进民众往来,增进相互之间的理解和包容,将为上合组织注入新动力,形成新亮点。旅游部长会议和旅游合作研讨会正是为了落实发展纲要和联合行动计划,旅游行政部门、旅游推广机构、旅游运营商、旅行代理商、投资机构、行业协会、教育和研究机构的代表齐聚江城武汉,通过研讨和会商形成更加广泛的社会共识,培育务实、高效的市场动力。

国际旅游交流与合作离不开国家间的政治互信,以及由此而来的签证、移民、海关和边境管理的良性合作;离不开主流媒体的基础形象建构和网络社交媒体的互动传播,以增加潜在客源特别是年轻人之间对目的地国家的好感度;离不开机场、码头、铁路、公路、口岸、电信等基础设施的互联互通;离不开公共服务和商业环境的完善。从目前情况来看,这些基础条件都已经具备或者正在完善,中国倡议的"一带一路",哈萨克斯坦的"光明之路",俄罗斯的睦邻友好政策,以及各成员国的开放与信任构建了区域旅游合作日益牢固的政治基础。随着基础设施的完善,更多签证政策便利化和移民管理友好度的增加,民心相通和民众往来越来越频繁。考虑到经济、贸易和人文交流的持续增加,我们完全有理由期待一个依托上合组织成员国,涵盖3400万平方公里、30亿人口和1.5亿出游人次、1800亿美元旅游消费力的区域旅游合作机制很快得以成型。国际旅游交流合作将在上合组织的战略目标、组织动力和世界旅游发展体系中扮演关键角色，发挥积极作用。

良好的开端是成功的一半，领袖们的前瞻性谋划和政府高层的框架性安排为国际旅游交流合作奠定了基础。与此同时，我们也要看到从理想到现实还有漫长的路要走，所谓"行百里者半九十"，就是这个道理。与亚太、欧洲和北美等发达国家间的旅游合作相比，上合组织成员国之间的旅游交流总体上还处于初级阶段，各国旅游市场发展不平衡、旅游资源开发不充分、政热经温旅游冷等问题都比较突出。2017年，上合组织成员国到访中国的游客不足250万人次，占外国人入境总人次的8.6%。中国到访上合组织成员国的游客不足180万人次，占中国出境外国总人次的比重为3.4%。从结构上看，这一旅游交往集中在中国和俄罗斯两国，在上合组织成员国到访中国的游客中，俄罗斯游客占比超过50%，中国到访上合组织成员国的游客中，70%的中国游客首选俄罗斯。很多人对乌兹别克斯坦、塔吉克斯坦、吉尔吉斯斯坦还不够了解，对着世界地图经常会出现张冠李戴的情况。无论是中国人去俄罗斯，还是哈萨克斯坦人来中国，我听到最多的抱怨就是签证的耗时费力。上个月在京会见哈萨克斯坦欧亚旅游协会的会长，她告诉我过海关足足花费了150分钟，以至于见面就很委屈地说："我看着也不像是坏人啊。"如果要想来一个说走就走的中亚五国行，或者想找几位志同道合者来个丝路自驾，就更加困难喽！旅行社、OTA、酒店、景区、铁路公司、租车公司之间的信息沟通、商务谈判和贸易结算也存在语言、法律和规则方面的困难。这些看上去很琐碎，但是又必须面对的问题如果得不到政府机构的重视和行业协会的有效帮助，游客、企业、地方政府和社区居民就无感，政治家的战略构想就会事倍功半。希望这次会议能够直面这些问题，从大处着眼，从小处入手，发扬"钉钉子"精神，稳步推进上合组织框架下的旅游合作。

现在是行动起来，通过旅游推广和文化、艺术、教育、科技、传媒领域的互动，持续提升成员之间国家知名度和好感度的时候了。相对于美国、日本、韩国、新加坡、澳大利亚和欧洲各国在中国的旅游推广成就，俄罗斯和中亚五国投入的经费预算、人力资源、活动频度和专业性还有很大的提升空间。我们需要用游客听得懂的语言，告诉他们感兴趣的事，让更多游客愿意沿着"一带一路"和"万里茶路"的经典线路到访问阿拉木图、阿斯塔纳、奇姆肯特、比什凯克、塔什干、杜尚别、阿什哈巴德、莫斯科、圣彼得堡、喀山，等等。这些城市是交通便利、基础设施和商业环境完善，是国际旅游者的首选。相对于乡村旅游和自然风光为主的旅游活动，城市旅游尤其要推广高品质的生活方式，以及不同国家和地区的友好度。在面向终端市场的广告投放时，需要明确告诉游客"We are ready for you"，包括导游、餐饮、酒店、交通和语言标志等。为此，我和中国旅游研究院的同事们愿意在市场数据、专题研究、教育交流和会议、路演等方面提供力所能及的帮助。

现在是行动起来，通过政府和私人机构的共同努力，为游客提供安全预期和便利服务的时候了。相较于国内游，安全性与便利性无疑是跨境旅游目的地选择的首要因素。自成立以来，上合组织将地区安全作为首要任务，在打击恐怖主义、维护世界和平、为地区旅游交流与合作提供安全保障的努力是有目共睹的。但是在旅行便利化方面，仍有进一步深化交通基础设施、电信和互联网等领域的合作空间。如何简化直达航班、代码共享、行李直挂、旅游包机的作业审批流程；如何加快高速铁路、高速公路的联网，多语种标识和驾照互认；如何推进旅游团队免签、过境免签、落地签证、增加签证通道、缩短申请时间、延伸签证有效期限、降低签证费用；如何推进电信、金融和文化部门的合作，降低成员国之间的国际漫游资费、扩大银联(Union Pay)、微信（WeChat）和支付宝（Alipay）等新型支付的范围，都应当是当前上合组织深入旅游合作的务实之举。

现在是行动起来，加大政府主导的制度创新和企业主导的市场创新的时候了。4月13日，中国政府在与俄罗斯、蒙古接壤的满洲里市设立了边境旅游试验区。公开信息表明，下一步还会在沿边地区设立更多的边境旅游试验区，并探索与其他邻国共同创设跨境旅游合作区，让边境地区的居民更加自由地往来，旅游要素更加自由地流动。这需要政府相关部门的专项工作组定期会晤、规划和推进，更需要旅游投资机构、旅游资源商和旅游运营商之间加强往来，遂行国家意志，架起民间交流和旅游合作的立交桥。

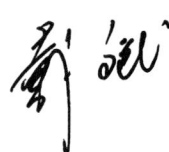

中国旅游研究院院长、教授、博士生导师

2018年5月9日

目 录
CONTENTS

导言　改革开放 40 年中国出境旅游发展回顾 …………………………………… 1

第一章　2017 中国出境旅游总体状况 ……………………………………………… 5
　第一节　规模与消费 …………………………………………………………… 6
　第二节　流量与流向 …………………………………………………………… 7
　第三节　影响因素 ……………………………………………………………… 10

第二章　客源地产出特征 …………………………………………………………… 31
　第一节　中国客源地潜在出游能力 …………………………………………… 32
　第二节　典型城市出境市场 …………………………………………………… 35

第三章　目的地消费行为 …………………………………………………………… 57
　第一节　总体分析 ……………………………………………………………… 58
　第二节　主要目的地消费特征 ………………………………………………… 70

第四章　目的地满意状况 …………………………………………………………… 99
　第一节　总体状况 ……………………………………………………………… 100

第二节　目的地满意度状况 …………………………………………… 101

第五章　2018年我国出境旅游发展趋势与建议 ……………………………… 127
　　第一节　2018年我国出境旅游发展趋势 ………………………………… 128
　　第二节　2018年我国出境旅游发展建议 ………………………………… 131

后　　记 ……………………………………………………………………… 133

导言

改革开放 40 年中国出境旅游发展回顾

改革开放 40 年来,在社会经济发展的支撑下,在市场与产业政策的有序引导下,出境旅游市场规模逐步增长,产业发展日益开放,综合功能正在显现,已经成为"以人民为中心"发展观的生动体现,中国对外开放扩大的直接见证与打造人类命运共同体的主要渠道。

一、出境旅游发展成为"以人民为中心"发展观的生动体现

2013 年,习近平主席在俄罗斯中国旅游年开幕式致辞中指出:"旅游是人民生活水平提高的一个重要指标,出国旅游更为广大民众所向往。"改革开放初期,中国重点发展入境旅游,国内旅游规模较小,严格意义上的出境旅游并不存在。20 世纪 80 年代早期,国务院侨办、港澳办、公安部允许广东省居民赴港澳旅游探亲,成为之后中国公民出境旅游市场的雏形。1987 年,国家旅游局和对外经贸部批准了丹东市至朝鲜新义州的自费旅游一日游活动,这是我国政府对公民自费边境旅游的最初正式许可。1988—1990 年,黑龙江、辽宁、吉林和内蒙古等省区的边境旅游先后获得批准。港澳探亲与边境旅游在一定程度上成为满足中国公民"世界那么大,我想去看看"需求的窗口。为突破签证烦琐手续和苛刻条件对于我公民出境旅游的限制,国家旅游主管部门通过 ADS(Approved Destination Status)政策的实施使得中国自费游客可以以团队的形式,凭借特殊签证赴对方国家或地区旅游。中国香港、中国澳门、泰国、新加坡、马来西亚和菲律宾成为第一批 ADS 国家和地区。1997 年,经国务院批准,国家旅游局、公安部发布的《中国公民自费出国旅游管理暂行办法》标志着中国公民自费出境旅游业务正式开展。中国公民出境旅游需求满足,特别游客权益得到的政策支持力度不断加大。截至 2018 年 3 月,我国正式开展组团业务的出境旅游目的地国家(地区)达到 129 个,占到了与我国建交国家的 72%。签证环境的日益优化说明中国游客的公正、公平待遇正在逐渐受到重视与保障。中国公民出境旅游随之蓬勃兴起,2017 年达到 1.3 亿人次,成为世界上最为重要的客源输出国。2018 年李克强总理在政府工作报告中首次提到"过去五年,出境旅游人次从 8300 万提高到 1.3 亿"。出境旅游的发展,被作为民生改善五年成就的重要内容,这与世界旅游组织《马尼拉宣言》中"旅游是人的基本权利和长存的生活方式"的理念

遥相呼应。改革开放 40 年来，出境旅游已经成为"以人民为中心"发展观满足人民群众对美好生活向往最为生动的体现。

二、出境旅游发展成为中国对外开放扩大的直接见证

习近平总书记在庆祝海南建省办经济特区 30 周年大会上的讲话中强调，"中国开放的大门不会关闭，只会越开越大""要坚持对外开放的基本国策，奉行互利共赢的开放战略，遵守和维护世界贸易规则体系，推动经济全球化朝着更加开放、包容、普惠、平衡、共赢的方向发展，让经济全球化进程更有活力、更加包容、更可持续，让不同国家、不同阶层、不同人群共享经济全球化的好处"。旅游业是中国对外开放的前沿。综合来看，中国出境旅游政策基于不同时期经济发展水平、国内外政治局势以及出境旅游需求变化的科学研判，进行适时调整以适应不同阶段的发展要求，同时符合我国对外开放不断深化的趋势。从我国出境旅游市场政策来看，历经 20 世纪 50 年代—1983 年对于出境旅游的严格控制，1983—1997 年以港澳"探亲游"与边境游为代表的尝试性发展阶段，1997—2005 年主动引导出境旅游发展的适度发展阶段，2005—2009 年以加强监管、提升品质为目的的规范发展阶段，2009 年之后强调出境旅游综合效应发挥的有序发展阶段等阶段，市场政策谨慎推进、有序放开。从我国出境旅游产业政策来看，中国在 21 世纪初加入 WTO 之时，旅游服务业成为服务开放承诺较多的部门之一。除"外方合资或独资旅行社和旅游经营者不允许从事中国公民出境旅游业务"外，对于饭店（包括公寓楼）和餐馆、旅行社的跨境交付、境外消费、商业存在以及自然人流动方面，都做出了分步骤开放的承诺，并于 2007 年提前实现了所有承诺。以 2011 年中国出境旅游业务向中外合资经营旅行社试点开放、2015 年向外商独资旅行社放开为标志，中国旅游业的各项经营业务实现了对外资的彻底开放，成为中国对外开放程度较高的产业之一。充分说明在中国全面履行入世承诺以后，旅游业作为服务贸易领域的重要行业，以出境旅游业务为切入，持续发挥扩大开放的引领作用。旅游业受益于改革开放，同时也通过出境旅游市场与产业，与世界同享中国旅游加速开放的成果。改革开放 40 年来，出境旅游成为中国综合国力增强、对外开放扩大最为直接的见证。

三、出境旅游发展成为中国打造人类命运共同体的主要渠道

国家主席习近平指出："旅游是传播文明、交流文化、增进友谊的桥梁。旅游是增强人们亲近感的最好方式。"[①]在旅游为线索的文化交流与民众往来中，各国都是平等互利的利益共同体和命运共同体。在推动多双边合作，特别是"一带一路"合作的过程中，中国凭借业已连续数年成为世界第一大出境客源地、旅游产业正在积极进行国际化布局的优势，树立起负责任大国的形象，展现所倡导的多予少取与开放平等的新型义利观，争取到相关国家与地区的信任和支持，化解了部分国家对于"一带一路"倡议的误读，在无形中提升中国在"一带一路"中的主导地位。目前，中国为全世界贡献超过1.3亿人次的出境游客、超过1000亿美元的出境消费，为"一带一路"沿线国家与地区贡献数千万人次的出境过夜游客。如此规模的民众直接交流是其他行业与方式难以比拟的。在大国关系塑造中，出境旅游发挥了平衡客流与服务贸易的作用。中美旅游市场曾经一度以美国赴华市场为主体，但近年来中美旅游市场成功实现了从单向流动向双方互动的转变，2016年中国赴美游客规模达到美国赴华游客的1.5倍。在同周边国家与地区的关系中，出境旅游推动了区域一体化进程。2003年内地赴港澳"个人游"政策正式启动之后，内地游客成为港澳地区接待的入境游客中的绝对主体，并在港澳地区经济促进、就业带动，特别是基层劳动力就业解决中发挥了重要作用。中国香港商务及经济发展局2013年报告显示，内地赴港"个人游"消费为香港直接带来261亿元增加值，相等于当地生产总值1.3%，同时创造了超过11万个职位，占总就业人口的3.1%。旅游在增进内地与港澳地区民众直观了解和感性认识方面具有无可替代的作用。香港中文大学相关研究显示，香港居民尤其是青少年到内地旅游经历越丰富，对于"中国发展前景""内地与香港融合发展"的感受就越积极。根据中国旅游研究院长期以来对27个海外目的地的游客满意度调查结果，内地游客对香港的综合评价在过去五年二十个季度里波动上升，排名稳步上扬，2017年以79.60的高度排名第一。从游客评论来看，香港居民的友善态度、现代化都市的便利设施以及市井生活形成的旅游资源都是内地游客评价最高的内容。出境旅游凭借其总体规模、覆盖范围与产业特性，已经成为中国打造人类命运共同体的主要渠道之一。

---

① 郑岩.旅游外交：国家外交新领域新亮点[N].学习时报，2015-7-23.

第一章
2017 中国出境旅游总体状况

第一节　规模与消费

一、出境旅游市场规模与增长情况

2017年我国出境旅游市场保持增长势头,全年出境旅游人数达到1.31亿人次,相比2016年同比增长6.9%。从月度数据看,除了2月份,其他月份出游人数均有所增长。由于假期等因素影响,出游季节性变化明显,高峰集中。7月、8月和春节期间依然是出游的旺季。

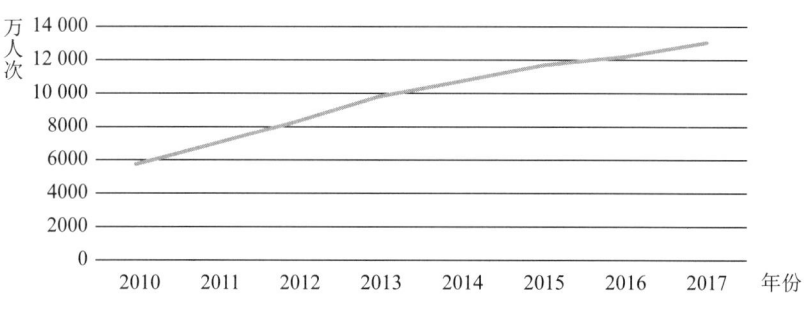

图1-1　2010—2017年我国出境旅游人次

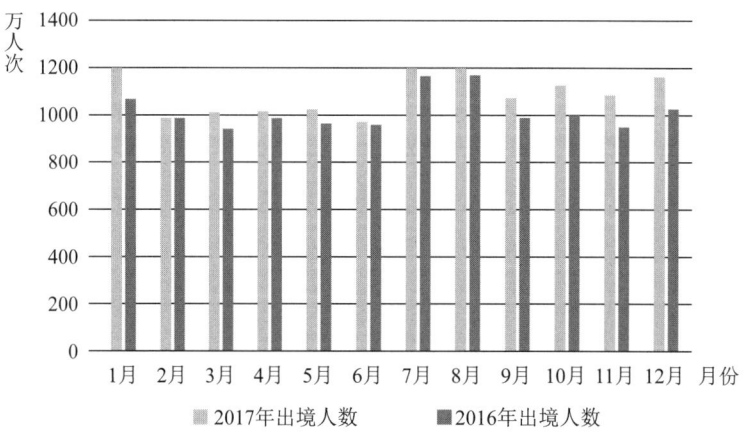

图1-2　2016年和2017年我国各月出境旅游人次对比

二、出境旅游花费规模与增长情况

我国出境旅游花费。根据调整后的数据，2015年我国出境旅游花费1045亿美元，2016年达到1098亿美元，2017年为1152.9亿美元。尽管我国出境旅游花费保持增长，但增速减缓。

第二节 流量与流向

一、中国出国旅游市场规模与增长情况

2017年我国出国旅游市场规模持续增长，较2016年同比增长7.5%。从出国旅游人数的月度数据来看，高峰期主要集中在春节期间和7、8月。

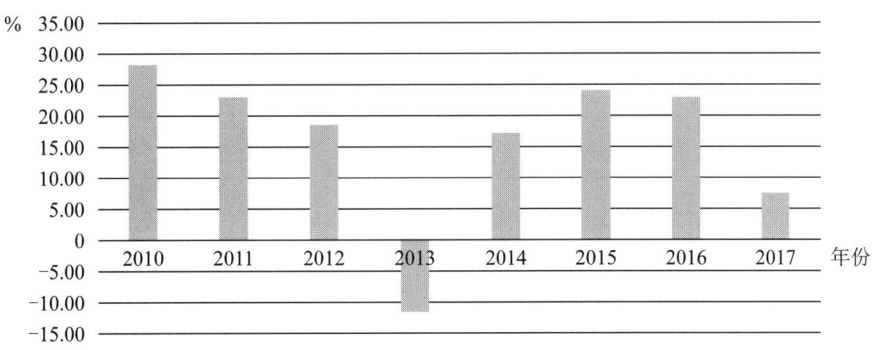

图1-3　2010—2017年我国出国旅游同比增长率

二、内地（大陆）赴港澳台市场规模与增长情况

2017年内地（大陆）赴港澳台旅游人数比上年同期上升了3.6%。香港接待内地游客全年上升了5.9%。澳门接待内地游客增长3.4%。台湾接待大陆游客人数下降了19.8%。

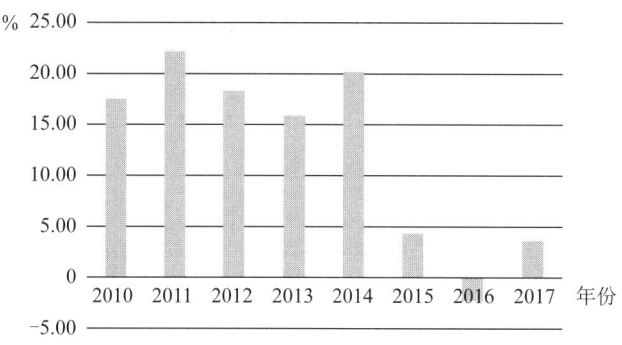

图1-4 2010—2017年我国内地（大陆）赴港澳台游客年增长率

三、出国与赴港澳台市场比较

2017年出国游客占我国出境游客总数的33.3%，赴港澳台游客占66.7%。从发展趋势可以看出，自2014年来以来，出国游客占比不断攀升。

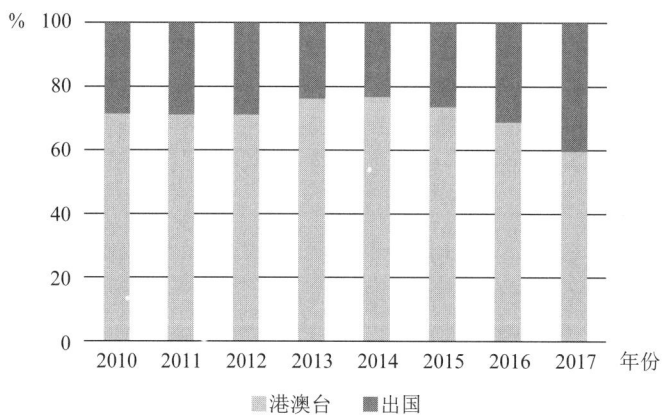

图1-5 2010—2017年我国出国旅游人次与赴港澳台旅游人次比较

四、2017年主要出境目的地数量与份额

2017年我国出境旅游目的地依然以近程目的地为主，港澳台是最主要的目的地。除此之外，其他亚洲目的地地位也很重要，我国游客赴不含港澳台的其

他亚洲国家或地区旅游达到 4344.1 万人次。从洲际目的地排名来看，亚洲继续在洲际目的地上占据首位，所占比例为 89%。之后依次为欧洲（4.0%）、美洲（2.8%）、大洋洲（1.4%）、非洲（0.5%）和其他地区（1.9%）。赴欧洲地区游客同比增长 13.3%。赴非洲游客同比减少 30.3%。赴大洋洲游客增长速度下降，同比增速较 2016 年的 25.4% 下降 5.4%。

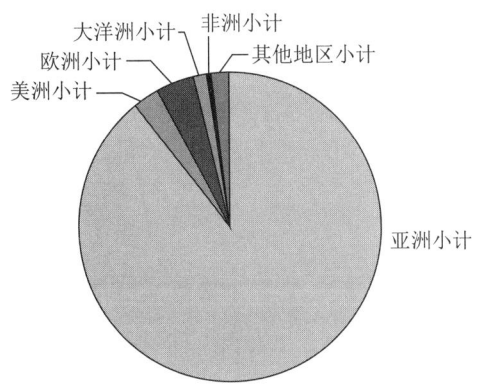

图 1-6 2017 年我国出境游洲际市场份额

2017 年，中国（内地）出境旅游目的地前十五位依次为中国香港、中国澳门、泰国、日本、越南、韩国、美国、中国台湾、马来西亚、新加坡、印度尼西亚、俄罗斯和澳大利亚。

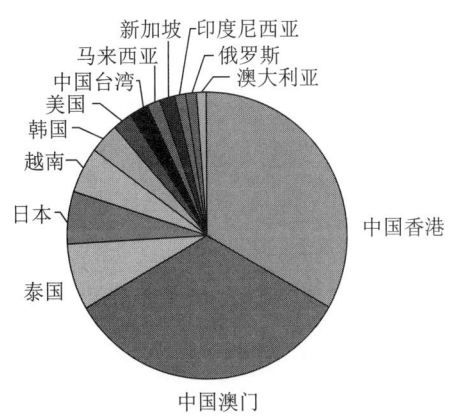

图 1-7 2017 年主要出境旅游目的地接待中国游客市场份额（前 15 位）

第三节 影响因素

2017年中国出境旅游的影响因素，可以从客源地、目的地和客源地与目的地之间的交互作用三个维度来进行分析。

一、客源地维度

除签证便利度等因素的影响外，客源地的国民收入水平在很大程度上影响着游客对目的地的选择。

（一）总体经济数据

1. 全国国内生产总值和人均国内生产总值

根据国家统计局的数据，2017年全年国内生产总值为827 122亿元，按可比价格计算，比上年增长6.9%。其中第一季度同比增长6.9%，第二季度增长6.9%，第三季度增长6.8%，第四季度增长6.8%（见图1-8）。与2016年相比，经济增速回升，经济继续稳中向好。

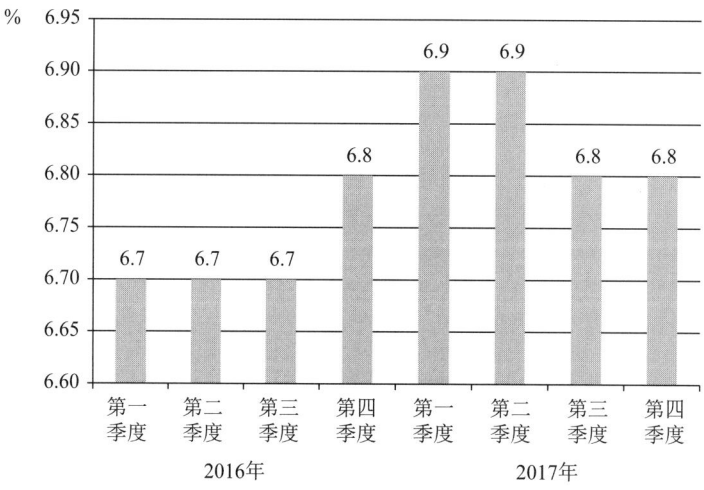

图1-8 国内生产总值增长率（2016年和2017年季度同比）

资料来源：国家统计局官网。

第一章 2017中国出境旅游总体状况
Chapter 1 Overall Situation of China's Outbound Tourism in 2017

人均GDP达到上万美元标志着经济社会的整体发展达到中等发达国家水平。2017年，有10个省市的人均GDP超过了1万美元，其中北京、上海和天津的人均GDP居全国前三位（见图1-9）。

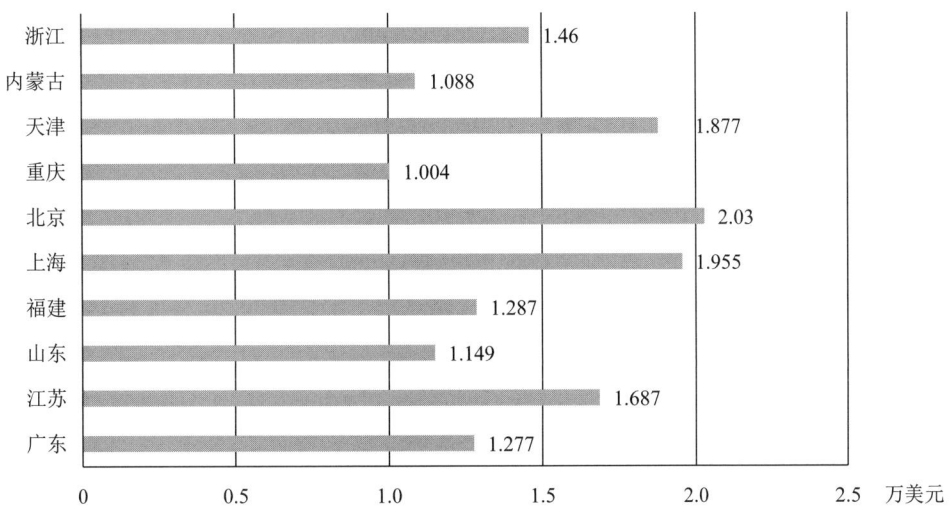

图1-9 2017年人均GDP超过1万美元的省、市、自治区

资料来源：根据各地统计局资料整理。

2. 人均可支配收入及人均消费支出

由于各地的产业结构存在差异，人均GDP并不直接等同于居民的可支配收入，所以部分地区人均GDP较高，但人均可支配收入相对较低。2017年全年全国居民人均可支配收入为25 974元，比上年名义增长9.0%（见图1-10），扣除价格因素实际增长7.3%。按常住地分，2017年我国城镇居民人均可支配收入36 396元，增长8.3%，扣除价格因素实际增长6.5%；农村居民人均可支配收入13 432元，增长8.6%，扣除价格因素实际增长7.3%。城乡居民人均收入倍差2.71，比上年缩小0.01。

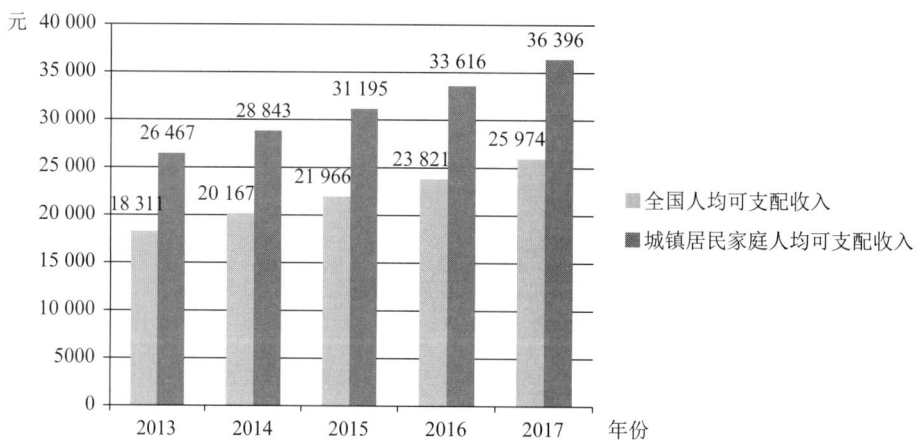

图 1-10　2013—2017 年人均可支配收入

资料来源：根据各地统计局资料整理。

从地方层面看，2017 年居民人均可支配收入排名前十位的分别是上海、北京、浙江、天津、江苏、广东、福建、辽宁、山东和内蒙古（见图 1-11）；同时 2017 年全国人均消费支出前十名分别是上海、北京、天津、浙江、广东、江苏、福建、辽宁、内蒙古和重庆（见图 1-12）。对比可支配收入和消费支出可以发现，总体上呈现"挣得多花得也多"的趋势。只有山东例外，山东在可支配收入中位列第 9，在消费支出方面排在前十名以外。

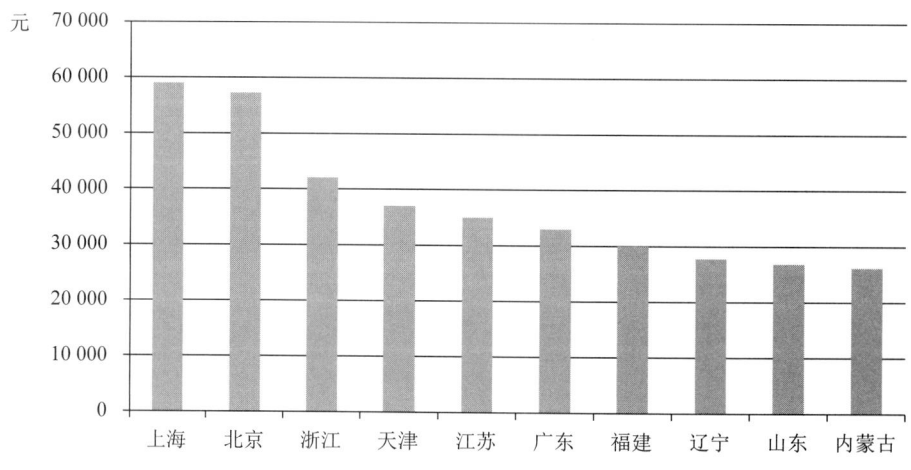

图 1-11　2017 年人均可支配收入全国前十名

资料来源：根据各地统计局资料整理。

第一章 2017中国出境旅游总体状况
Chapter 1 Overall Situation of China's Outbound Tourism in 2017

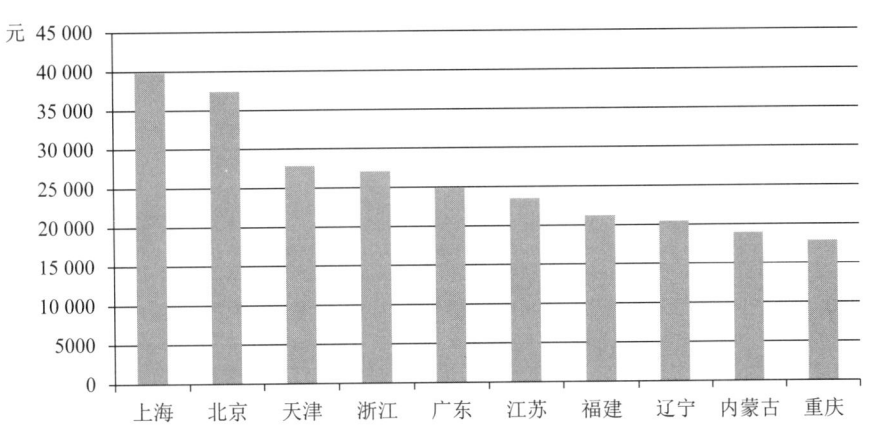

图1-12 2017年人均消费支出全国前十名

资料来源：根据各地统计局资料整理。

（二）经济发展对出境旅游的推动作用明显

1. 自助和跟团出境游的主要客源地基本一致

2018年3月，中国旅游研究院、携程旅游集团联合发布《2017年中国出境旅游大数据报告》显示，2017年出境旅游出发城市排名前十的分别是上海、北京、成都、广州、深圳、杭州、南京、武汉、天津和西安[1]。文化和旅游部官网发布的2017年第一季度和第二季度团队出境游人次数排序的前十名分别是江苏、广东、上海、浙江、山东、湖北、重庆、福建、湖南、辽宁[2]。对比发现，自助出境游的城市所在地大部分与跟团游出境省市能匹配上。

表1-1 自助和跟团出境游排名

排名	自助游出境十大省市	跟团游出境十大省市
1	上海	广东
2	北京	北京
3	成都（四川）	上海
4	广州（广东）	辽宁
5	深圳（广东）	浙江

---

[1] 受限于数据获取，此处使用的是出发地数据。出发地可能未必是游客的常住地，但也有一定的重合度，能从一定程度上反映出大的分布趋势。

[2] 第三季度和第四季度数据官网尚未公布。

续表

排名	自助游出境十大省市	跟团游出境十大省市
6	杭州（浙江）	山东
7	南京（江苏）	江苏
8	武汉（湖北）	重庆
9	天津	四川
10	西安（陕西）	福建

2. 经济发达省市是主要的客源市场地

将人均GDP、可支配收入、消费支出与自助出境游城市进行对比，从这4组数据可以看出，在人均GDP和人均可支配收入的对比中，十大自助出境游热门出发地有7个城市都隶属于人均可支配收入前十位的省市。在热门出发地和人均可支配收入的对比中，十大热门出发地有7个城市都隶属于人均可支配收入前十位的省市。在热门出发地和人均消费支出的对比中，十大热门出发地有7个城市都来自人均消费支出前十的省市。可见总体的特点还是收入越高的地方支出越高，在出境游方面的支出也越高。不过也有例外，辽宁、山东和内蒙古虽然都属于收入或支出的全国前十，但并不是热门的出境游城市所在地。

大体上自由行出境游热门城市与人均GDP、人均可支配收入、人均消费支出前十省市的重合度比较高，只有个别城市例外，成都、西安和武汉都属于所属省在人均GDP、人均可支配收入和人均消费支出的排名上都并不靠前，但这三个城市的自助出境游排名是比较靠前的。此外，辽宁、山东和内蒙古在人均GDP、人均可支配收入、人均消费支出方面的排名都在全国前十名，但是这三个省没有城市上榜全国前十的自助出境游热门城市。

表1-2 自助出境游热门城市与其他经济指标的对比

自助出境游热门城市	隶属于人均GDP前十省市	隶属于人均可支配收入前十省市	隶属于人均消费支出前十省市
上海	√	√	√
北京	√	√	√
广州	√	√	√
成都			

续表

自助出境游热门城市	隶属于人均GDP前十省市	隶属于人均可支配收入前十省市	隶属于人均消费支出前十省市
杭州	√	√	√
南京	√	√	√
西安			
深圳	√	√	√
天津	√	√	√
武汉			

资料来源：根据各地统计局资料整理。

继续对比人均GDP、可支配收入、消费支出与跟团出境游省市之间的数据，在人均GDP和人均可支配收入的对比中，十大跟团出境游省市地有8个省市也属于人均可支配收入前十位的省市。在十大跟团出境游省市和人均可支配收入的对比中，跟团出境游出发地有8个与人均可支配收入前十位的省市一致。在十大跟团出境游省市和人均消费支出的对比中，有7个城市与人均消费支出前十的省市一致。很明显，与自由行出境游类似，跟团出境游的十大省市与人均GDP、人均可支配收入、人均消费支出前十省市的重合度也比较高。其中辽宁、山东和江苏的城市在自由行出境游中排名并不靠前，但在跟团出境游中排名比较靠前。而四川和重庆依然是收入方面排名并不靠前，但跟团出境游的排名比较靠前。

表1-3 跟团出境游热门城市与其他经济指标的对比

跟团出境游十大省市	隶属于人均GDP前十省市	隶属于人均可支配收入前十省市	隶属于人均消费支出前十省市
广东	√	√	√
北京	√	√	√
上海	√	√	√
辽宁		√	√
浙江	√	√	√
山东	√	√	

续表

跟团出境游十大省市	隶属于人均GDP前十省市	隶属于人均可支配收入前十省市	隶属于人均消费支出前十省市
江苏	√	√	
重庆	√		√
四川			
福建	√	√	√

资料来源：根据国家旅游局网站和各地统计局网站资料整理。

（三）各地开展出境游业务的旅行社数量增多

截至2018年3月，我国正式开展组团业务的出境旅游目的地国家（地区）达到129个，其中2017年增加了苏丹共和国、乌拉圭、圣多美和普林西比、法属新喀里多尼亚4处（见表1-4）。根据中国外交部网站显示，截至2018年1月，有175个国家与我国建立了外交关系，已正式开展组团业务的中国出境旅游目的地国家（地区）占到了与我国已建交国家的72%。签证环境的日益优化说明境外目的地正逐渐重视保障中国游客的公正、公平待遇。

表1-4 历年新增的组团出境旅游目的地国家（地区）

年份	新增数量	目的地国家（地区）	开展业务情况
2010	6	朝鲜、密克罗尼西亚、乌兹别克斯坦、黎巴嫩、加拿大、塞尔维亚共和国	全面开展
2011	1	伊朗伊斯兰共和国	全面开展
2012	4	马达加斯加共和国、哥伦比亚共和国、萨摩亚独立国、喀麦隆共和国	全面开展
2013	1	卢旺达共和国	全面开展
2014	1	乌克兰	全面开展
2015	2	哥斯达黎加共和国、格鲁吉亚	全面开展
2016	4	马其顿、亚美尼亚、塞内加尔、哈萨克斯坦	全面开展
2017	4	苏丹共和国、乌拉圭、圣多美和普林西比、法属新喀里多尼亚	全面开展

资料来源：根据国家旅游局网站整理。

根据国家旅游局网站的统计，2016 年我国具有出境旅游业务资质的旅行社 3876 家，2017 年增加到了 4442 家，增长率为 14.6%。其中北京、广东、浙江、山东、辽宁和上海共计 2311 家，占到总数的 52%。从图 1-13 可以看出，各地具有出境旅游业务资质的旅行社的数量都在逐年增加，呈明显的上升趋势。全国具有出境游业务资质旅行社的扩容，与我国出境游的旺盛需求密切相关。

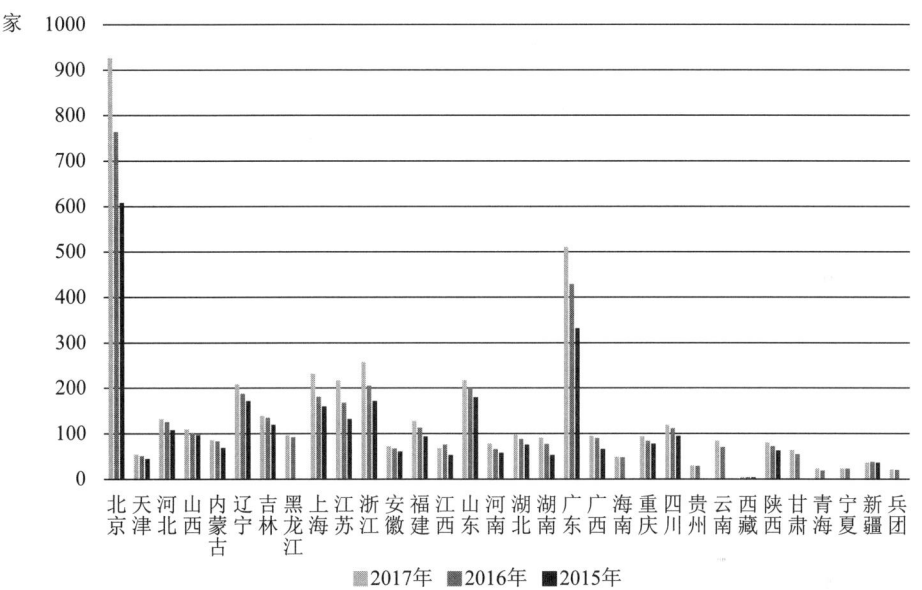

图 1-13　2015—2017 年各省具有出境旅游经营资格的旅行社数量（部分地区数据有所缺失）

资料来源：根据国家旅游局网站资料整理。

（四）国内旅游类运营商为游客出境提供了更多信息

2017 年我国出境旅游人数达 1.3 亿人次。无论是跟团游还是自助游游客，都习惯通过移动互联网了解目的地信息或者预订旅游产品。国内各种旅游运营商的大力发展，积累了越来越多的活跃用户，尤其是 80 后、90 后逐渐成为旅游消费的重要群体，他们更加偏好自由行的出境旅游方式，各种旅游 APP 给他们在行前预订、旅途游玩以及游后分享提供了很多便利。这些移动旅游运营商的发展也在一定程度上促进了出境游的市场增长。表 1-5 为国内部分主要的旅游类运营商，这些运营商旗下大多有数款旅游类 APP，为游客借助移动互联网出游提供信息。

表 1-5　国内部分旅游类运营商

运营商	APP 数量	APP 名称
去哪儿	6	去哪儿旅行、去哪儿兜行、去哪儿酒店、去哪儿旅图、去哪儿攻略、去哪儿当地
携程旅行网	5	携程旅行、携程学生旅行、携程攻略、携程特价酒店、携程旅游
同程旅游	5	同程旅游、非常酒店、非常机票、全国景点团购、温泉团购
途牛旅游网	3	途牛旅游、特价门票、途牛自驾
艺龙旅行网	2	艺龙旅行、艺龙酒店
深圳活力天汇科技有限公司	3	航班管家、鹰漠旅行、高铁管家
驴妈妈旅游网	1	驴妈妈旅游
阿里旅游	1	飞猪

资料来源：根据相关网站资料整理。

二、目的地维度

（一）签证便利化激发了更多出游意愿（补充出境游签证情况）

在选择出境游目的地的时候，签证申请也是中国出境游游客较多考虑的因素。根据外交部网站的信息，截至 2017 年 10 月 28 日，中国与 134 个国家（地区）签订了互免签证的协议，2017 年新增的列表见表 1-6。在这 134 个国家（地区）中，免签证 12 个国家（比 2016 年增加了 3 个）：巴巴多斯、巴哈马、厄瓜多尔、斐济、格林纳达、毛里求斯、圣马力诺共和国、塞舌尔、塞尔维亚、汤加、波黑、阿联酋。单方面允许中国公民免签入境国家或地区增加至 15 个：印度尼西亚、韩国（济州岛等地）、摩洛哥、法属留尼汪、突尼斯、安提瓜和巴布达、海地、南乔治亚和南桑威奇群岛（英国海外领地）、圣基茨和尼维斯、特克斯和凯科斯群岛（英国海外领地）、牙买加、多米尼克、美属北马里亚纳群岛（塞班岛等）、萨摩亚、法属波利尼西亚。单方面允许中国公民办理落地签证国家和地区 39 个（比 2016 年增加了 2 个）：阿塞拜疆、巴林、东帝汶、印度尼西亚、卡塔尔、老挝、黎巴嫩、马尔代夫、缅甸、尼泊尔、斯里兰卡、泰国、土库曼斯坦、文莱、伊朗、亚美尼亚、约旦、越南、柬埔寨、孟加拉国、埃及、多哥、佛得角、几内亚比绍、科摩罗、科特迪瓦、马达加斯加、马拉维、毛里塔尼亚、坦桑尼亚、乌干达、圭亚那、苏里南、圣赫勒拿（英国海外领地）、帕劳、图瓦卢、瓦努阿图、乌克兰、圣多美和普林西比。

表 1-6　2017 年生效的互免签证列表

序号	协议国	互免签证的证件类别	生效日期
1	巴巴多斯	普通护照	2017.06.01
2	爱尔兰	欧盟通行证	2017.01.01
3	爱沙尼亚	外交护照、欧盟通行证	2017.01.01
4	奥地利	外交护照、欧盟通行证	2017.01.01
5	保加利亚	欧盟通行证	2017.01.01
6	巴拿马	外交、公务、公务普通护照	2017.10.28
7	比利时	外交护照、欧盟通行证	2017.01.01
8	冰岛	外交护照	2017.06.01
9	波黑	中方外交、公务、公务普通护照；波方外交、公务、标有"公务"字样的普通护照	2017.10.04
10	波兰	欧盟通行证	2017.01.01
11	赤道几内亚	中方公务普通护照、赤方特别公务护照	2017.08.06
12	丹麦	外交护照、欧盟通行证	2017.01.01
13	德国	外交护照、欧盟通行证	2017.01.01
14	法国	外交护照、欧盟通行证	2017.01.01
15	芬兰	外交护照、欧盟通行证	2017.01.01
16	荷兰	外交护照、欧盟通行证	2017.01.01
17	加纳	外交、公务护照	2017.03.28
18	几内亚	外交、公务、公务普通护照	2017.09.16
19	捷克	外交护照、欧盟通行证	2017.01.01
20	喀麦隆	外交、公务护照	2017.08.12

续表

序号	协议国	互免签证的证件类别	生效日期
21	克罗地亚	欧盟通行证	2017.01.01
22	拉脱维亚	外交护照、欧盟通行证	2017.01.01
23	立陶宛	欧盟通行证	2017.01.01
24	毛里塔尼亚	中方外交、公务、公务普通护照；毛方外交、公务护照	2017.05.15
25	塞尔维亚	普通护照	2017.01.15
26	乌拉圭	中方外交、公务、公务普通护照；乌方外交、公务护照	2017.01.07

资料来源：根据外交部网站资料整理。

为了吸引更多的中国游客，2017年很多国家进一步放宽对中国居民的签证，简化签证手续，缩短办理时间，各国签证政策的变化频次明显提高。很多热门旅游目的地对中国开放免签或落地签，例如阿联酋、摩洛哥、乌克兰、厄瓜多尔、汤加等。携程出境游预订数据显示，随着签证的便利，这些旅游目的地游客增长速度多数超过100%。

表1–7 2017年签证变化情况

国家（地区）	签证政策	备注
塞尔维亚	中国普通护照持有人可免签滞留达30天	2017年1月1日起
突尼斯	对持普通护照的中国游客，可免签入境突尼斯，入境时须出示与本人在突停留时间相符的往返国际机票和酒店订单，停留期不超过90天	2017年2月15日起
巴巴多斯	两国公民持有效护照在对方国家入境、出境或过境免办签证，免签停留期不超过30天	2017年6月1日起
阿联酋	中国公民持因私护照可免签入境阿联酋停留30天，并可前往阿联酋移民部门申请付费续签一次	2018年1月16日起
阿曼	中国公民持有有效美国、加拿大、澳大利亚、英国和申根签证可以在阿曼办理30天落地签，价格20阿曼里亚尔（约合50美元）。申请条件包括护照有效期要6个月以上；必须有回程机票和经确认的酒店预订；如一起同行的配偶和子女无上述国家入境签证，也适用此签证政策	2017年10月10日起

续表

国家（地区）	签证政策	备注
俄罗斯	中国公民入境俄罗斯滨海边疆区、哈巴罗夫斯克边疆区、萨哈林州、楚克奇自治区及堪察加边疆区可申请免费电子签，申请人只需登录电子签申请网，填写表格即可，审核期为4天。若通过审核，签证有效期30天，最多停留8天	2017年9月起
乌拉圭	凡持有有效期内的美国、加拿大和英国签证的中国公民，可以免签入境乌拉圭。入境口岸为乌拉圭卡拉斯科国际机场，此条件只适用"机场海关"，陆路入境暂不施行	2017年6月1日起
白俄罗斯	中国公民持普通护照赴白免签证条件是：①须乘坐国际航班经明斯克国际机场入出境；②持有欧盟国家有效的多次出境签证或所持有效证件上有入境申根区国家领土的标志；③从入境之日起5日内将从明斯克国际机场搭乘国际航班出境的有效机票；④入境人须持有一定数额（可兑换的外币或白俄罗斯卢布，等值不小于每天46白俄罗斯卢布）的现金；⑤医疗保险单（投保金额不小于1万欧元，且在白俄罗斯有效）	2017年2月12日起
日本	采取以下放宽中国人赴日签证发放条件的措施 该措施的具体内容包括：开始向具有足够经济能力人士发放多次签证、将东北三县（岩手县、宫城县、福岛县）多次往返签证的访问对象地区扩大为东北六县（青森县、岩手县、宫城县、秋田县、山形县、福岛县）。同时，取消要求具有一定经济能力人士过去3年内有赴日经历的条件，简化个人单次观光旅游签证申请手续等	2017年5月8日起
巴西	以旅游、探亲、商务为目的来本国的对方国家公民颁发有效期最长为5年、可多次入境、每次停留不超过90日的签证	2017年10月1日起
毛里求斯	入境停留期由30天延长至60天	2017年6月14日起

资料来源：根据相关网站资料整理。

（二）境外支付全球化进程加快

过去很多年，中国游客出境游大部分是使用支持Visa、MasterCard等国际支付功能的国际信用卡，或者是在出境前兑换大量外币，这些方式明显都不够便捷。出境游的热潮也带动了境外支付方式的升级。

以中国银联为例，目前银联卡受理网络已延伸至168个国家和地区，覆盖境外超过2300万商户和164万台ATM。以此为基础，顺应中国游客支付习惯的改变，银联国际加快建设手机闪付、二维码支付等一系列移动支付产品的境外受理场景。银联国际正加快建设"云闪付"APP境外使用环境，"云闪付"用户已可在境外25个国家和地区享受安全、便利的银联移动支付服务。

与此同时，第三方支付平台的全球化力度也在明显加大。据不完全统计，国内有30家企业获得了跨境支付许可，区域主要集中在北京和上海。其中北京10家，上海9家，浙江4家，广东2家，重庆2家，江苏1家，海南1家，成都1家。

表1-8 获得跨境支付许可的企业

序号	公司名称	范围	地区
1	汇付天下	货物贸易、留学教育、航空机票及酒店住宿	上海
2	通联	货物贸易、留学教育、航空机票及酒店住宿	上海
3	银联电子支付	货物贸易、留学教育、航空机票及酒店住宿	上海
4	东方电子支付	货物贸易、留学教育、航空机票及酒店住宿	上海
5	快钱	货物贸易、留学教育、航空机票及酒店住宿	上海
6	盛付通	货物贸易、留学教育、航空机票及酒店住宿	上海
7	环迅支付	货物贸易、留学教育、航空机票及酒店住宿	上海
8	富友支付	货物贸易、留学教育、航空机票及酒店住宿	上海
9	财付通	货物贸易、留学教育、航空机票及酒店住宿	深圳
10	易极付	货物贸易、留学教育、航空机票及酒店住宿	重庆
11	钱宝科技	货物贸易、留学教育、航空机票及酒店住宿	深圳
12	支付宝	货物贸易、留学教育、航空机票及酒店住宿	杭州
13	贝付科技	货物贸易及留学教育	杭州
14	易宝支付	货物贸易、留学教育、航空机票、酒店住宿、国际运输、旅游服务及国际展览	北京
15	通融通（易宝支付）	货物贸易、留学教育、航空机票、酒店住宿、国际运输、旅游服务及国际展览	北京
16	钱贷宝	货物贸易、留学教育、航空机票及酒店住宿	北京
17	银盈通	货物贸易、航空机票及酒店住宿	北京
18	爱农驿站	货物贸易、留学教育、航空机票、酒店住宿、国际运输、旅游服务、国际会议、国际展览及软件服务	北京
19	首信易支付	货物贸易、留学教育、航空机票、酒店住宿及软件服务	北京
20	北京银联商务	货物贸易、留学教育及酒店住宿	北京

续表

序号	公司名称	范围	地区
21	网银在线	货物贸易、留学教育、航空机票及酒店住宿	北京
22	拉卡拉	货物贸易、留学教育、航空机票、酒店住宿、旅游服务及国际展览	北京
23	资和信	货物贸易、留学教育、航空机票及酒店住宿	北京
24	联动优势	货物贸易、留学教育、航空机票、酒店住宿、旅游服务、通信服务、国际运输及软件服务	北京
25	微信	货物贸易、留学教育、航空机票、酒店住宿及旅游服务	深圳
26	连连支付	货物贸易、留学教育、航空机票、酒店住宿及旅游服务	杭州
27	易付宝	货物贸易、留学教育、航空机票及酒店住宿	江苏
28	海南新生	货物贸易、留学教育、航空机票、酒店住宿、国际贸易物流、旅游服务及国际会议会展	海南
29	魔宝支付	货物贸易	四川
30	网易宝	货物贸易、留学教育、航空机票以及酒店住宿	杭州

资料来源：根据相关网站资料整理。

第三方支付平台在2017年也进行了大举的建设工作。2016年9月，支付宝宣布与慕尼黑机场、东京成田国际机场、大阪关西国际机场等10家国际机场达成合作。2017年2月，蚂蚁金服向韩国移动支付公司Kakao Pay投资2亿美元。4月12日，蚂蚁和印尼Emtek集团宣布成立一家合资公司，开发移动支付产品。2017年5月，微信支付通过携手CITCON正式进军美国市场，7月再次联手德国支付公司Wirecard进军欧洲。目前，微信支付已登陆超过13个境外国家和地区，覆盖了全球超过13万的境外商户，支持12种外币结算服务。2017年9月15日，京东金融宣布与泰国尚泰集团有限公司（Central Group Co.，Ltd.，"尚泰集团"）成立合资公司，合资公司初期将以支付业务为核心，提供电子钱包、消费金融等产品和服务。2017年7月27日，百度与国际支付公司PayPal签署战略合作协议。根据协议，中国消费者将可以在中国境内通过百度钱包，对境外数百万的PayPal国际商户进行线上购物和付款。

三、客源地与目的地的互相关系

(一)汇率变化对出境游的影响程度有限

2017年,人民币兑美元中间价由1月3日的6.9498上涨至12月29日的6.5342,累计上涨5.98%。2016年12月至2017年12月,人民币兑欧元、英镑中间价分别贬值了7.22%、2.68%,人民币兑日元中间价升值2.40%,同期内国际清算银行计算的人民币实际有效汇率累计跌0.99%,名义有效汇率则累计跌0.64%。总体上,人民币汇率出现先贬后升,略有贬值的走势(见图1-14)。具体来看,各个目的地国家的游客量变化与汇率变化之间没有特别明显的对应关系,可能是因为大部分出境游都距离远、花费相对高,而且旅行时间较长,消费者会提前较长时间做出消费决策,所以当季的汇率变化对游客量影响作用并不是非常显著。

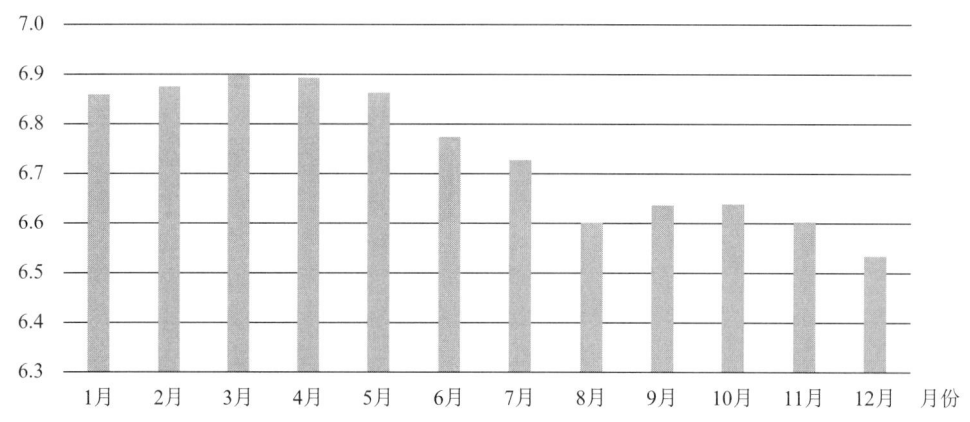

图1-14 2017年1—12月美元与人民币汇率变化图

资料来源:中国人民银行网站,取每月最后一个交易日数据。

图1-15到图1-18绘制了2017年各个月汇率变化率与游客量变化率的折线图[①],对部分出境旅游目的地的汇率变化率与游客量变化进行具体分析。

美元兑人民币汇率(人民币/1美元)1—6月不断上升,人民币小幅贬值,而同时赴美游客量不断上升;7—12月不断下降,人民币大幅升值,游客量7—9月不断上升,8月达到峰值(见图1-15)。

---

① 资料来源于中国人民银行网站,每月采用最后一个交易日数据,季度数据为各月数据的均值。

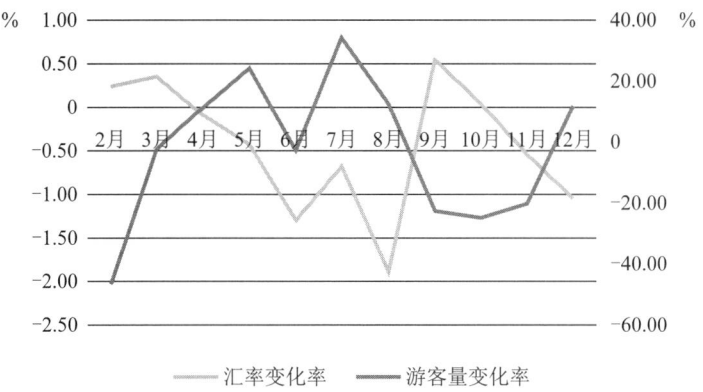

图 1-15　2017 年各月美元汇率与赴美国游客量变化率

欧元兑人民币汇率总体呈上升趋势（人民币 /1 欧元），人民币总体小幅贬值，1—7 月人民币兑欧元中间价波动贬值；8—12 月则略有升值。而赴欧洲的游客在前三个季度上升，到第四季度游客量下降（见图 1-16）。

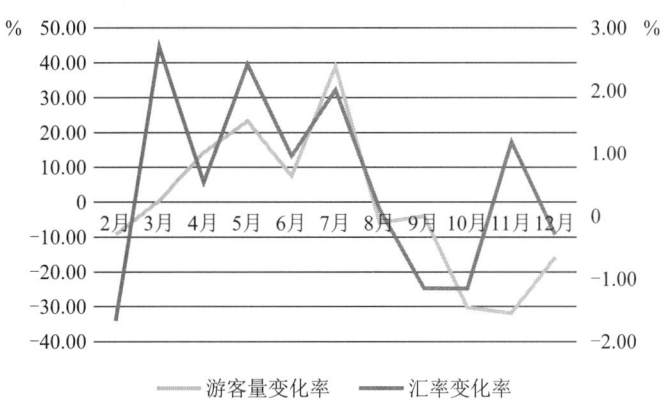

图 1-16　2017 年各月欧元汇率与赴欧洲游客量变化率

日元兑人民币汇率总体呈下降趋势（人民币 /100 日元），人民币小幅升值。具体来看，人民币兑日元中间价出现了先贬值后升值的走势：1—4 月中旬略有贬值，之后则出现波动性上升趋势。赴日本的游客在前三个季度逐渐上升，到第四季度游客量下降（见图 1-17）。

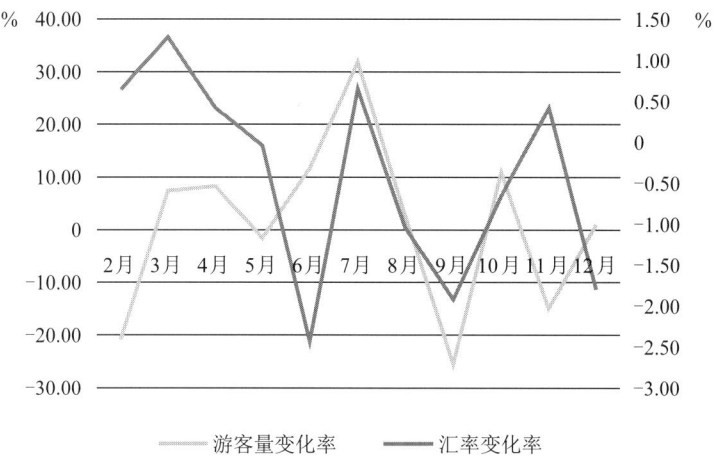

图 1-17　2017 年各月日元汇率与赴日本游客量变化率

英镑在四个季度的汇率分别为 9.279、9.326、8.720 和 8.456（人民币/1 英镑），1—3 月人民币小幅升值，4—7 月英镑升值，8—9 月人民币明显升值，第四季度稍有回落；赴英国游客量 1—7 月波动上升，8—10 月波动下降，11—12 月有所上升（见图 1-18）。

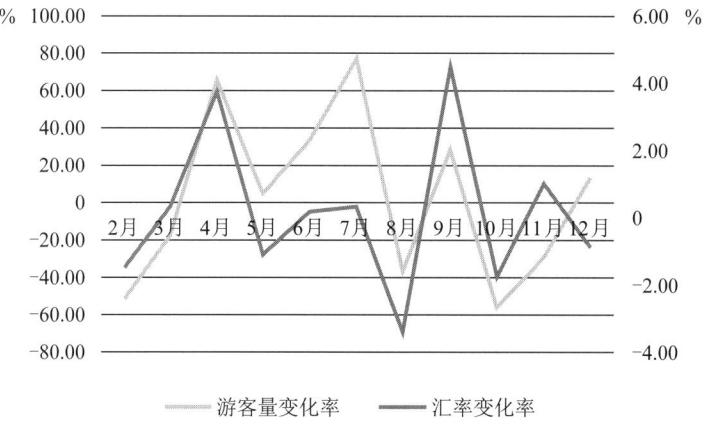

图 1-18　2017 年各月英镑汇率与赴英国游客量变化率

（二）新增航班航线扩展了出境旅游延伸空间

2017年国际航线吞吐量为11 172.1万人次，比上年增长9.2%。2017年国内机场直飞国际/地区航线1251条，新开国际/地区直飞航线255条。从增长速度来看，国际航班增长率明显高于国内航班，近年国际航线客运的增长多来源于我国旺盛的出境客流。国内和国外的航空公司都纷纷推出了新的航班和航线，跨境交通网络不断优化，表1-9为2017年部分新开的航线信息。

表1-9 2017年部分新开航班信息

航空公司	部分新增/新开/航线/航班	备注
南方航空	深圳—墨尔本	A332执飞，每周7班
	深圳—布里斯班	A330执飞，每周3班
	深圳—马德里	A330执飞，每周3班
	深圳—莫斯科	A332执飞，每周7班
	武汉—大连—名古屋	B738执飞，每周2班
	广州—科伦坡—马尔代夫	A332执飞，每周7班
	广州—伊斯兰堡	A332执飞，每周5班
	沈阳—符拉迪沃斯托克	A319执飞，每周2班
	沈阳—伊尔库兹克	A319执飞，每周3班
	广州—特拉维夫	A330执飞，每周1班
国航	北京—雅典	A330执飞，每周3班
海南航空	海口—悉尼	A330执飞，每周2班
	上海—成都—德黑兰	A330/B787执飞，每周3班
	浦东—苏黎世	B787执飞，每周4班
	上海浦东—特拉维夫	A330/B787执飞，每周3班
	深圳—札幌	B738执飞，每周4班
	广州—札幌	B738执飞，每周4班
首都航空	北京—里斯本	A330执飞，每周4班
	北京—布里斯班	A330执飞，每周4班
	青岛—马德里	A330执飞，每周2班

续表

航空公司	部分新增/新开/航线/航班	备注
首都航空	青岛—迪拜	A330执飞，每周2班
	北京—哥本哈根	A330执飞，每周3班
	成都—布拉格—苏黎世	A332执飞，每周2班
天津航空	西安—伦敦	A330执飞，每周1班
	天津—大连—北九州	A330执飞，每周3班
	宁波—卡利博	A320执飞，每周3班
	郑州—卡利博	A320执飞，每周3班
	西安—卡利博	A320执飞，每周3班
	天津—卡利博	A320执飞，每周3班
厦门航空	厦门—卡利博	B737执飞，每周7班
	泉州—卡利博	B737执飞，每周7班
	厦门—青岛—洛杉矶	B787执飞，每周1班
	厦门—杭州—墨尔本	B787执飞，每周3班
四川航空	成都—深圳—纽约	A330执飞，每周2班
	杭州—成都—加德满都	A319执飞，每周7班
	成都—郑州—洛杉矶	A330执飞，每周3班
	成都—布拉格	A332执飞，每周2班
东方航空	西安—冲绳	A320执飞，每周2班
	武汉—宿务	B328执飞，每周3班
	成都—伊尔库兹克	A319执飞，每周7班
河北航空	石家庄—大阪	B738执飞，每周7班

资料来源：根据相关网站资料整理。

（三）国际合作交流不断加强

2017年9月11日至9月16日，联合国世界旅游组织第二十二届全体大会在中国成都举行，由中国发起的世界旅游联盟正式成立。2017年，中澳、中瑞、中丹、中哈、中国—中东欧、中国—东盟等多个旅游年相继举办，"旅游年"已成为舆论的"热词"之一。"一带一路"城市旅游合作论坛、中国国际交易会等活动的成功举办密切了中国与其他国家的合作。中国旅游企业加强境外直采、旅游投资布局，丰富出境游产品。国家相关部门也在加强旅游执法，规范旅游市场经营，更好地保证游客权益。这些活动对于我国提升在世界旅游业中的国际话语主导权起到了非常积极的作用，也进一步激发了国内的出境游市场。

（四）港澳台不再是大陆游客长假出境游的首选

如前所述，在出境游目的地选择上，其他国家或地区通过放宽入境签证要求、开设直航航线与优化服务等方式，与港澳台地区竞争内地（大陆）客源市场。2017年内地赴香港旅游人数为4443.2万人次，相对2016年减少了4.64%。尽管内地赴港旅游人数持续下降，但内地市场仍是香港最大客源市场，对香港入境市场的平稳发展起到了支撑作用。2017年大陆居民赴台旅游较2016年减少5.11%。

（五）突发事件影响游客出游计划

突发恐怖事件会影响中国游客对境外旅游目的地的选择，并影响游客的出游信心。2017年，伊拉克、埃及、瑞典、俄罗斯、法国、美国、加拿大、土耳其、英国等频繁发生了多起暴恐袭击事件，被袭国家遍布欧、非、美、亚等各大洲，给一些境外旅游目的地发展蒙上了阴影。主要的恐怖事件包括：10月美国拉斯维加斯一个场外音乐节发生枪击案造成超过50人死亡，200多人受伤，是美国历史上死亡人数最多的枪击案件；英国2017年共发生5起恐怖袭击，共造成36人死亡；8月17日，西班牙旅游胜地巴塞罗那发生汽车冲撞人群的恐怖袭击，导致13人死亡，100人受伤；5月31日阿富汗首都喀布尔使馆区发生汽车炸弹爆炸，已造成至少80人死亡，300多人受伤；4月9日，埃及坦塔的圣乔治教堂发生爆炸事件，导致至少30人死亡，70多人受伤；亚历山大市圣马可教堂周边同日也发生自杀式袭击爆炸，已造成16人死亡，40多人受伤。这些恐怖事件都使游客在选择目的地时有更多的担忧，有可能因此延迟或者取消去这些地方的出游计划。

第二章
客源地产出特征

第一节 中国客源地潜在出游能力

一、国内旅游出游潜力特征

以相对成熟的旅游客源地潜在出游力指标体系为基础，综合应用SPSS数据分析软件和ArcGIS空间分析软件，对2017年旅游客源地潜在出游力的区域分异特征进行系统解读。同时，借助2016年"五一"小长假、"十一"黄金周和春节黄金周的游客出游统计情况，对客源地潜在出游力进行权重调整，使在社会经济统计指标基础上计算的客源地潜在出游力更能反映游客的真实出游能力。

将各省（区、市）因子综合得分进行标准化处理，可以得出2017年全国31个省（区、市）的客源地潜在出游力得分，得分介于0~1，得分越高表明居民出游潜力越大，反之，得分越低表明居民出游潜力越小（见表2-1）。

表2-1 2017年各省（区、市）客源地潜在出游力得分及排名

省（区、市）	潜在出游力得分	排名	省（区、市）	潜在出游力得分	排名
上海	1.0000	1	辽宁	0.4478	13
北京	0.9801	2	四川	0.4053	14
江苏	0.8562	3	重庆	0.3952	15
广东	0.8136	4	安徽	0.3691	16
浙江	0.7502	5	陕西	0.3496	17
山东	0.7149	6	山西	0.3183	18
福建	0.6654	7	内蒙古	0.2981	19
天津	0.6189	8	江西	0.2835	20
湖南	0.5848	9	黑龙江	0.2647	21
河南	0.5509	10	云南	0.2532	22
湖北	0.5175	11	吉林	0.2489	23
河北	0.4715	12	海南	0.2254	24

续表

省（区、市）	潜在出游力得分	排名	省（区、市）	潜在出游力得分	排名
广西	0.1952	25	宁夏	0.0793	29
贵州	0.1936	26	青海	0.0542	30
新疆	0.1561	27	西藏	0.0000	31
甘肃	0.0934	28			

（一）区域间潜在出游力均衡化趋势逐渐显现

2017年，客源地潜在出游力在东中西三大区域之间的比例大约为6.3∶2.4∶1.3，相比较长期处于"7∶2∶1"的三级阶梯状分布格局已有所收敛。即我国的客源市场有63%源自东部地区，24%源自中部地区，13%源自西部地区。而从发展趋势来看，东部地区累计潜在出游力所占比重由2010年的70.0%下降到2017年的63.1%，呈现逐年降低趋势。与此同时，中西部地区所占比重在不断升高，累计潜在出游力所占比重由2010年的30.0%提升到2017年的36.9%，区域之间的差距呈现出明显的收敛趋势。

（二）区域尺度——四大经济区出游潜力出现收敛趋势，但仍为出游潜力最强地区

传统的四个高客流产出区域：以北京为中心的环渤海都市圈、以上海为中心的长江三角洲都市圈、以广州和深圳为中心的珠江三角洲都市圈以及西南的成渝城市群，仍然是我国高客流产出区域，累计52.4%的出游力集中在上述传统经济区和新兴都市圈，但是相比较2011年的57%，已明显下降。反映了四大核心经济区与其他区域之间的客源产出也出现了收敛趋势。

（三）省际尺度——沿海发达城市为出游潜力最强地区

可将全国31个省（区、市）划分为5中潜在出游力类型：①出游力极强地区：上海、北京、江苏、广东、浙江、山东、福建；②出游力强地区：天津、湖南、河南、湖北、河北、辽宁；③出游力较强地区：四川、重庆、安徽、陕西、山西、内蒙古；④出游力一般地区：江西、黑龙江、云南、吉林、海南、广西、贵州；⑤出游力弱地区：新疆、甘肃、宁夏、青海、西藏。出游力较高地区主要分布于我国东部和中部，而出游力较低地区则主要分布于我国西部地区，综合对比近几年三大区域各省（市、区）潜在出游力的排名变化，东部地区依然保持优势地位，但是中西部地区已出现排名交互变化现象，尤其是西部部分省（市、区）已超过中部地区的排名。

二、客源市场发展情况

（一）客源地出游力总体分布保持东—中—西梯度递减格局

2017年，我国各大客源地的游客产出量保持增长趋势。从区域角度来看，延续去年的东、中、西三级阶梯状发展格局，出游比例为6.3∶2.4∶1.3，相比去年的6∶3∶1，基本格局没有太大变化。从全国角度来看，2017年我国客源地依旧集中在环渤海、长三角、珠三角、成渝四大经济区。从省级角度来看，我国出游力处于全国前五位的分别是上海、北京、江苏、广东、浙江五个省（市）。从客源地分布来看，一线以及沿海发达城市依旧是国内旅游的主体，主要原因是这些省市拥有较高的经济水平和居民消费能力，旅游已经成为当地居民的主要休闲方式之一。总体来说，东部沿海省市依旧是出游潜力最强的地区，中部稍弱，西部潜力最小。全国客源地出游力依旧是东—中—西递减格局。

（二）城乡居民出游呈现出差异化特征

从我国客源地城乡差异来看，2016年，我国城镇居民出游人次达到31.95亿人次，农村居民出游人次达到12.40亿人次。城镇居民在全年的出游人次大约是农村居民出游人次的3倍。2016年，中青年市场仍旧是我国国内旅游市场的主力军，尤其是年龄在25~34岁的群体，出游人次为12.90亿人次，达到所有年龄段中出游人次最高。从国内游客的受教育程度来看，2016年我国国内旅游市场依旧保持高学历趋势。城镇居民大专及其以上出游者最多，为20.77亿人次，约占所有城镇出游人数的65%。而农村居民中最多的是初中及以下教育程度的游客，为4.87亿人次，约占所有农村出游人数的39%，上述数据说明我国国内城乡游客的教育水平差异较大。

（三）华东消费者旅游热情最高，西北旅游人口迅速猛增

2017年，排名前十的客源地依旧是以东部沿海地区城市为主，其中华东地区消费者出游热情最高，西北地区出游人数猛增（见表2-2），在"一带一路"倡议的推动下，西安、乌鲁木齐、兰州等西部沿线城市的消费热情和出游热情猛增。

表2-2　2017年排名前十的客源地及西部出游热情最高的客源地

排名前十的客源地	西部出游热情最高的客源地
上海	西安
江苏	乌鲁木齐
广东	兰州
北京	西宁
四川	银川
浙江	宝鸡
山东	渭南
湖北	天水
福建	哈密
辽宁	咸阳

资料来源：途牛网。

第二节　典型城市出境市场

一、北京市场

（一）出境旅游市场概况

1. 出境旅游市场下降

2017年，北京市拥有出境经营许可权的旅行社组织公民出境游511.5万人次，下降10.5%，减少了60万人次，与2016年7.2%的增速相比形成较大反差。日本、泰国、法国、韩国和意大利是北京出境游的五大旅游目的地。除前往日本的游客量较2016年为正向增长外，前往其他四国的游客均较2016年有所下降，其中赴韩国的游客下降幅度较大，减少68万人次，同比下降72.8%，赴泰国游客下降28万人次。此外，前往港澳台地区旅游人数也呈现下降趋势，尤其前往台湾地区的游客下降幅度较大，同比达57%（见表2-3）。

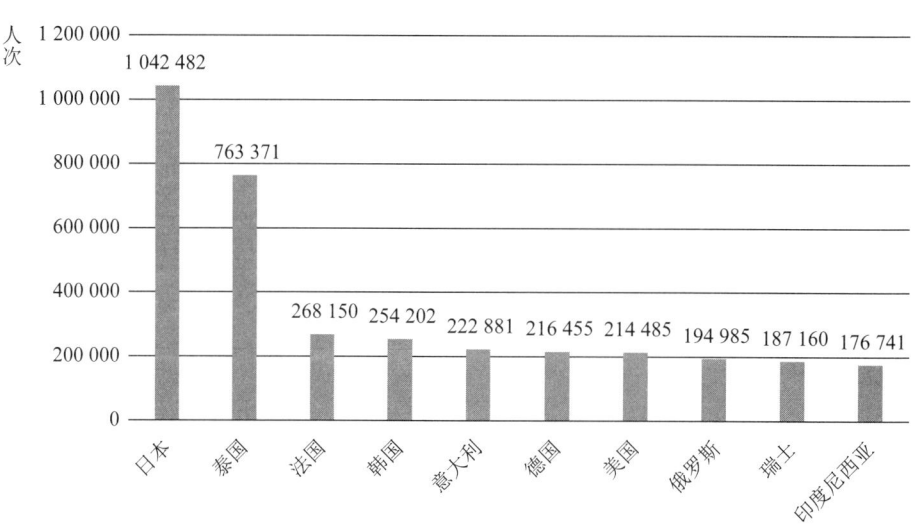

图 2-1 2017 年北京出境游前十位旅游目的地

资料来源：根据北京市旅游发展委员会网站资料整理。

表 2-3 2017 年北京部分出境游目的地旅游人数及同比增长

旅游目的地	游客人次（万人次）	较 2015 年增速（%）
日本	104	+6.7
泰国	76	+27
法国	26.8	+25
韩国	25.4	−72.8
意大利	22.3	−25.8
中国香港	14.8	−19.8
中国澳门	13.2	−12.7
中国台湾	6.2	−57

资料来源：根据北京市旅游发展委员会网站资料整理。

2. 第三季度是主要的出游高峰时段

由图 2-2 可以看出，北京出境游前十位旅游目的地中，总体上呈现从第一季度到第二季度游客逐渐上升，至第三季度达到全年游客峰值的态势，第四季度有所回落。但是有三个旅游目的地例外：泰国、韩国和印度尼西亚。泰国游客量从第一季度一直持续上升，第四季度达到峰值；韩国第一季度后大幅下降，在第四季度才开始回升；印度尼西亚在第二季度有所下降，在第二季度后持续上升。

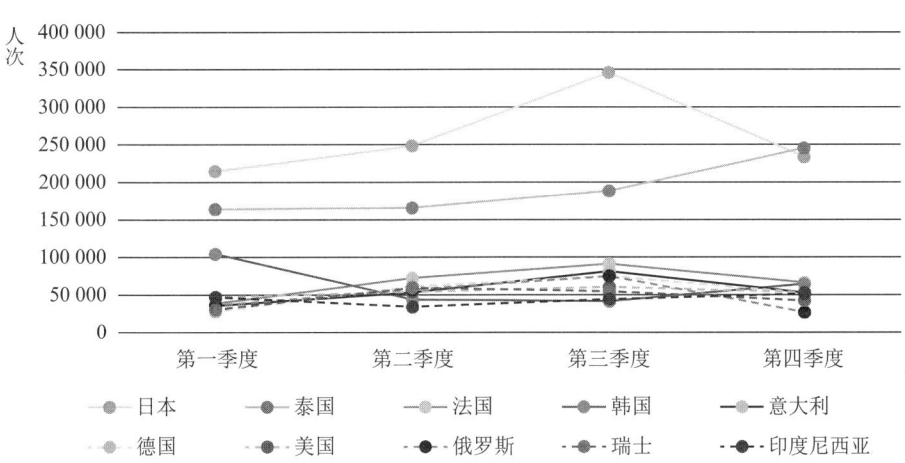

图 2-2　2017 年北京出境游前十旅游目的地四个季度游客量变化

资料来源：根据北京市旅游发展委员会网站资料整理。

3. 出境游旅游目的地选择多元化趋势

从表 2-4 可以看出，2017 年北京出境旅游目的地中，游客增长率最高的是柬埔寨，达到了 96.1%。在增长率前十的旅游目的地中，既有距离我国较近的柬埔寨、菲律宾、越南、澳门、日本等亚洲国家，也有距离相对较远的加拿大、埃及、英国、俄罗斯联邦、阿拉伯联合酋长国等国家。说明北京游客的出境目的地的选择开始从周边国家和地区逐渐扩展到更远的旅游目的地，目的地选择更加多元化。

表 2-4　2017 年北京出境游旅游目的地游客量增长率排名

旅游目的地	相比 2016 年增长率（%）	旅游人次（人次）
柬埔寨	96.1	136 561
加拿大	86	72 727
埃及	46.2	73 691
英国	37.9	113 339

续表

旅游目的地	相比2016年增长率（%）	旅游人次（人次）
菲律宾	21.2	55 505
越南	16.5	165 809
中国澳门	16.5	153 685
日本	6.7	1 042 482
俄罗斯联邦	5.8	194 985
阿拉伯联合酋长国	5.2	71 964

资料来源：根据北京市旅游发展委员会网站资料整理。

（二）出境旅游市场影响因素

1. 较高的社会经济发展水平为居民出境游提供了经济保障

2017年北京市经济平稳健康发展，全年实现地区生产总值28 000.4亿元，按可比价格计算，比上年增长6.7%，比全国GDP增速略低0.2%。北京居民人均可支配收入57 230元，比上年增长8.9%，扣除价格因素，实际增长7%。其中，城镇居民人均可支配收入62 406元，增长9.0%；农村居民人均可支配收入24 240元，增长8.7%；扣除价格因素，城乡居民收入分别实际增长7.1%和6.8%。2017年北京的人均GDP、居民可支配收入和人均消费支出均位列全国第二，北京居民的收入水平决定了有更多的支出可以用于出境游。

2. 新增的国际航线为游客提供了更多选择

北京首都国际机场2017年旅客吞吐量达到了9578.6万人次，同比增长约1.5%。国际航线的比例在20%~25%。为进一步强化国际枢纽建设，首都机场在夏秋季引入3家国际航空公司，分别是玛纳斯航空、泰国皇雀航空、俄罗斯依可亚航空；新增2条国际航线，包括玛纳斯航空新开北京—比什凯克航线、首都航空新开北京—里斯本航线。此外，各大航空公司不断增加新的北京往返的国际航线，如国航北京—法兰克福国际快线、北京—阿斯塔纳、北京—苏黎世、北京—雅加达、北京—雅典、北京—布里斯班；首都航空的杭州—北京—里斯本、北京—澳门等。这些新增的航班航线都为北京居民的出行提供了更多的选择和便利。

3.具有出境游资格的旅行社数量增加

2017年北京有出境游资格的旅行社为927家,为全国数量最多,相比2016年增加了181家。具有出境游业务资质旅行社连年扩容,并增长迅速,与北京居民旺盛的出境游需求密切相关。

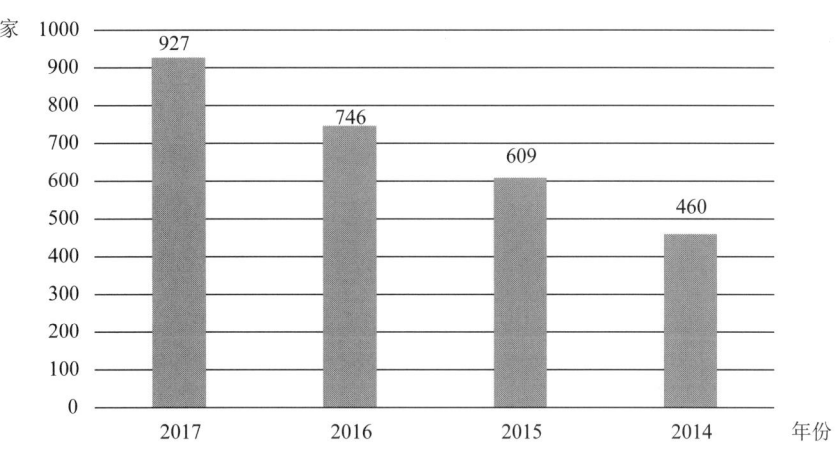

图2-3　北京有出境游资格的旅行社数量

资料来源：根据北京市旅游发展委员会网站资料整理。

4.各境外旅游目的地加强了对北京市场的旅游产品推介

如前所述,从时间角度看,总体上北京市场的出境游人数表现为从第一季度开始上升,到了第三季度达到游客量的峰值,从旅游数据上也能看出这一趋势,2017年北京市场四个季度的出境游客人次分别为131万、110万、145万和124万人次。如果将第三季度的数据与第一季度的数据相对比,可以发现哪些目的地国家或地区在本年度的游客变化率是最大的。图2-4展示了2017年北京市场在第三季度（旺季）游客量增加率大于100%的几个国家,分别是俄罗斯联邦、德国、法国、意大利、英国。这些国家在2017年对北京市场做了大量的推介工作,而且取得了明显的效果。

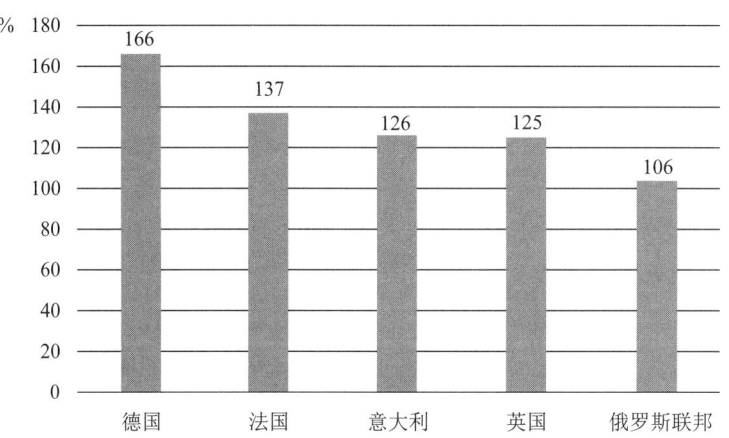

图2-4　2017年北京出境游第三季度比第一季度的增长率

资料来源：根据北京市旅游发展委员会网站资料整理。

（1）德国

2017年北京市场赴德国旅游三季度游客量相对一季度的涨幅为166%，第一季度为28 086人次，第三季度为74 663人次，涨幅位列第一。德国近年来也逐渐重视对中国市场的开发，通过丰富游览线路，推出微信退税服务等措施吸引中国游客。2017年11月13日德国国家旅游局召开年度推广分享会，超过80家中国旅游企业到场，与德国旅游企业进行充分交流，深入了解德国旅游资源。

（2）法国

2017年北京市场赴法国旅游三季度游客量相对一季度的涨幅为137%，第一季度为38 493人次，第三季度为91 171人次，涨幅位列第二。在京举办法国旅游年度主题推广分享会，并通过采取一系列措施方便游客出行，例如简化签证政策、利用最新的移动生物识别信息采集服务、注册旅游局微信账号，让游客在中国就可以购买地铁票或者预订演出表演；提供方便快捷的支付手段等。

（3）意大利

2017年北京市场赴意大利旅游三季度游客量相对一季度的涨幅为126%，第一季度为35 828人次，第三季度为81 075人次，涨幅位列第三。意大利政府推出婚礼旅游、体育旅游等多项特色旅游产品，并且逐步推出一些非热门地区的旅游线路，选取特色城镇，开辟新旅游景区。同时，意政府采取措施为中国游客提供更多便利，如在公共场所增加免费Wi-Fi服务，提供更为符合中国游客饮食习惯的美食等。2017年4月，意大利裕（UniCredit SpA）与中国某支付软件合作，已有超过3000多家超市和部分餐饮企业采用支付软件进行结算。目前，意大利提供支付软件服务的商家突破了5位数字，基本覆盖了米兰、罗马、威尼斯、佛罗伦萨等主要旅游城市。

（4）英国

2017年北京市场赴英国旅游三季度游客量相对一季度的涨幅为125%，第一季度为17 571人次，第三季度为39 503人次，涨幅位列第四。随着越来越多的中国游客到英国，英国旅游各界也加大了对华的推广宣传。2017年8月，英国政府在中国推出了会奖游签证计划，为团队游组织商提供个性化的客户服务，并为30人以上前往英国的会奖团提供了更简化的申请流程。该计划在中国15个英国签证申请中心有效，成功出签者将获得两年多次往返游客签证。

（5）俄罗斯

2017年北京市场赴俄罗斯旅游三季度游客量相对一季度的涨幅为106%，第一季度为36 175人次，第三季度为74 736人次，涨幅位列第五。近年来，俄罗斯对于深耕中国市场推出了一系列的举措。2017年莫斯科—北京旅游专列首次进行双向对开，旅游方式更加多样；推出红色旅游线路产品，简化签证制度等一系列措施吸引北京游客。外汇因素也影响了市场选择，受卢布贬值的影响，赴俄罗斯的北京游客呈不断增加之势。

5. 北京市旅游委加大对旅行社出境游服务质量的监管

北京市旅游委按季度定期发布《北京地区旅行社服务质量投诉公告》，对合同违约、人身财产安全、服务质量等问题进行监管，并对涉及的旅行社名称及案件数量进行公布。2017年北京旅游委总计处理出境游投诉1060起，涉及的主要问题是合同违约、人身财产安全和服务质量三类（见表2-5）。

表 2-5　2017 年北京旅游委处理境外游投诉数量

时间	第一季度	第二季度	第三季度	第四季度
数量（起）	291	251	284	234
涉及国家	泰国、韩国、美国、法国、越南、马尔代夫	泰国、日本、美国、西班牙、德国、马尔代夫、印度尼西亚	日本、泰国、马尔代夫、美国	日本、泰国、马尔代夫、法国、美国
主要问题	降低住宿档次和服务质量，出境领队和境外导游擅自增加自费项目和购物次数，减少旅游景点和旅游项目，行前解约、退团退款争议等问题	旅行社违反合同约定，降低服务标准，出境领队和境外导游服务不达标，擅自增加自费项目和购物次数，减少旅游景点与合同中约定的旅游项目，由于第三方原因导致游客行前退团退费、合同争议、双方纠纷等问题	旅行社提前解约、未履行相关义务、擅自变更行程、降低服务标准、增加购物次数、延长购物时间、增加自费项目等	旅行社提前解约、未履行相关义务、行程中发生危害到游客人身安全或意外伤害、擅自变更行程、降低服务标准、增加购物次数、延长购物时间、增加自费项目等

资料来源：根据北京市旅游发展委员会网站资料整理。

（三）出境旅游产品创新

1. 旅游定制项目

在北京等发达地区，游客素质较高，简单的跟团或者自助型的出境游方式已经不能满足经济支付能力较强、具备相当语言水平和文化层次的游客群体，他们更青睐依照自己的喜好对行程进行定制，进行深度游览。而"私家团"作为旅游定制产品的一种，融合跟团游及自由行的优点，针对成熟游客的出游特点，通过特有线路规划、专属服务，为游客提供差异化、私密化的体验。这种旅游产品满足游客"不想起床赶路、期待一次特殊的旅行体验、希望自己把握行程节奏、想选择当地最有特色的餐食"的需求，正受到越来越多人的欢迎。2016 年 10 月 13 日，凯撒旅游首度推出了"幸福私家团"系列产品，有别于当下常规的团队游以及自由行，配备的是 2~7 人的精致小团，旅游安排自由个性，全程专业的司陪服务则充分保障了旅游体验的深入。从凯撒旅游出行统计数据看，2017 年春节假期，幸福私家团成为了最受欢迎的旅游产品。

2. 个性化主题游产品

伴随出游人群的增加，个性化的旅游需求也越发旺盛，"主题游"正在超越

"传统游"成为旅游新趋势。主题游区别于传统大众旅游的升级版，旅游产品及服务提供商需要从游客的不同身份、切身需求、独特体验、消费心理出发，为其量身定制旅游线路和体验。旅行社、在线网站为满足游客多样化需求纷纷推出个性化的主题产品，如2017年3月众信旅游在北京推出"神奇节日在哪里"节庆主题系列产品；2017年12月携手《至爱凡·高》中国片方推出凡·高之旅特色产品，荷兰国家旅游会议促进局将作为官方目的地旅游推广机构，参与凡·高主题旅游产品的研发推广。个性化的主题游产品是对消费升级过程中涌现出的市场机会进行进一步发掘，在对消费人群进行进一步细分的基础上推出个性化特色产品，对出境游客具有较高的吸引力。

3. 旅游包机直飞产品

随着境外出游对品质要求不断提高，包机游越来越受欢迎，以寒暑期包机游最为突出。一方面能降低游客一定的出游成本，另一方面包机游少了中转的周折，出游更便捷，其优质、舒适的产品特性受到中高端消费者的青睐。例如2017年4月捷达旅游联合腾邦旅游启动定制包机项目，推出全国多口岸直飞俄罗斯的洲际航线。选用俄罗斯艾菲（I-FLYAirlines）国际航空公司提供全程服务，采用I4全新舒适客机—A330-300；配套优秀俄语出境领队，境外专业中文导游。从6月14日起，每周三从天津直飞莫斯科，每周一班，航季为6—10月，首批搭配两款莫斯科、圣彼得堡双城之旅产品。中俄关系持续升温，卢布对人民币汇率的持续走低，加之北京至天津交通便利，该产品能极大地丰富暑期出境游市场，为北京居民出境游提供更为丰富的产品选择。同时旅行社还推出多个相对比较小众的旅游目的地，满足个性化的需求如双十一期间飞猪推出的北京包机直飞塞舌尔、神州旅行社推出的暑期直飞塞班等旅游产品。

二、上海市场

（一）市场概况

1. 出境游市场规模呈现小幅下降

2017年全年上海市旅行社共组织出境旅游人次544.99万人，同比下降3.62%。其中出国游客541.54万人，同比下降3.52%。另外港澳台游客除了澳门有20.36%的人数增长外，香港和台湾旅游人数都有所下降，与2016年同期相比下降了2.72%和15.54%。

表2-6 2017年1—12月上海市旅行社组织出境旅游人数

	人数（人次）	同比增长（%）
出境游人数	5 449 911	-3.62
出国游	5 415 338	-3.52
香港游	257 577	-2.72
澳门游	94 268	20.36
台湾游	114 512	-15.54

注：出境游人数按旅游者出境次数统计；出国、港澳台人数按抵达目的地次数统计。

2. 上海市位居中国主要出境旅游的客源地

上海出境游人数同比增长虽然有所下降，但是上海仍然是出境游客源地的首位。根据途牛旅游网对外发布的《中国在线出境旅游大数据2017》，基于国家旅游经济运行监测与预警数据以及途牛客户预订数据，2017年上海依旧位居出境游客源地头把交椅，其次北京、南京、成都、天津、深圳、广州、杭州、武汉、西安等城市消费者出境旅游热情较高。与此同时，途牛旅游网监测数据显示：2017年，人均出境旅游花费最高的十大城市分别是北京、上海、温州、重庆、昆明、南京、西安、沈阳、哈尔滨、青岛。总体而言，无论是出游意愿或出游花费，上海市游客均位居全国前列。

（二）出境市场影响因素

1. 国际航空交通网络进一步完善

2017年，上海到卡利博、宿务、特拉维夫、布拉格、马德里以及圣彼得堡等航线进一步增加，凸显了上海作为华东地区出境游重要客源地与中转城市的地位。

2017年华东地区44个机场（江西上饶机场5月开航），华东地区机场累计完成旅客吞吐量33 287.4万人次，年旅客吞吐量首次超过3亿人次，同比增长12.9%，其中国内航线完成28 795.6万人次（含地区航线旅客1558万人次），国际航线完成4491.8万人次；货邮吞吐量667万吨，同比增长9.2%，其中国内航线完成344.6万吨（含地区航线货邮63.2万吨），国际航线完成322.4万吨；飞机起降架次274.9万架次，同比增长10.7%，其中飞机运输起降252.3万架次。

表 2-7　2017 年上海开通的主要国际航线

申请开通公司	开通航线	具体情况	开航时间
上海吉祥航空股份有限公司	上海浦东—卡利博	每周 7 班	2017 年 1 月
上海吉祥航空股份有限公司	上海浦东—宿务	每周 7 班	2017 年 1 月
海南航空股份有限公司	上海浦东—特拉维夫	每周 3 班	2017 年 3 月
中国东方航空股份有限公司	上海浦东—西安—布拉格	每周 3 班	2017 年 7 月
中国东方航空股份有限公司	上海浦东—西安—圣彼得堡	每周 2 班	2017 年 7 月
中国东方航空股份有限公司	上海浦东—西安—马德里	每周 2 班	2017 年 10 月

资料来源：依据国家民航局网站信息整理。

2. 持续深入开展出境旅游监管及专项治理工作

出境游安全提升行动。为了有效防范和坚决遏制重特大涉旅安全事故发生，保障出境游客的生命财产安全，上海市旅游局决定从 2017 年 5—11 月在全行业开展"出境游安全提升行动"专项行动，切实加强出境游安全保障。通过开展"出境游安全风险提示活动""出境游安全宣传教育活动""出境游组团社安全主体责任落实活动""出境游保险保障提升活动"等行动，进一步健全旅游安全风险提示制度，强化旅游安全宣传教育，加强对组团社的安全监管，强化对自由行游客的引导，切实加强出境游安全保障，维护上海市出境游客的利益。

三、成都市场

（一）市场概况

2017 年，四川省旅行社组织出境游客总人数为 167.1 万人次，同比下降 9.0%。其中，四川省旅行社组织出境游客共 165.73 万人次，同比下降 8.74%。2017 年，四川省居民出境排名前十的目的地分别是泰国、越南、日本、中国香港、中国澳门、新加坡、马来西亚、菲律宾、中国台湾、俄罗斯。地缘接近的国家与地区更受到成都出境游客的青睐，而美国、澳大利亚等相对距离较远的目的地则相对排名靠后。

表2-8 2012—2017年四川省出境旅游人次

年份	2012	2013	2014	2015	2016	2017
出境旅游总人数（人次）	768 400	742 000	1 237 600	1 958 000	1 836 000	1 657 300
同比增长（%）	35.1	10.4	66.8	58.17	-6.2	-8.74

（二）出境市场影响因素

1. 人均可支配收入稳定增长

2017年成都地区生产总值13 889.39亿元，比去年同期增长8.1%；全社会固定资产投资总额9404.2亿元，比上年增长12.3%；全年社会消费品零售总额6403.5亿元，增长11.5%。成都市2017年城镇居民人均可支配收入38 918元，农村居民人均可支配收入20 298元，分别增长8.4%和9.1%。

2. 休闲习惯深厚，出境旅游成为重要选择

成都长久以来就拥有深厚的休闲文化与习惯，出境旅游向来是选项之一。以2017年春节期间为例，成都春节出游人数仅在上海、北京、广州、深圳等一线城市之后，排名第七，人均消费排名第十，人均花费7435元。近年来，出境旅游和近短距离度假休闲深度旅游同时成为成都旅游者的重要选择。

3. 国际交通便捷，距离因素明显影响出境目的地选择

成都作为西部地区的"国际航空枢纽"，拥有基地公司共8家，包括国航西南、四川航空、东航四川、成都航空、西藏航空、祥鹏成都、深航成都、南航四川。国内四大航空集团均已落子成都市场。2017年，成都机场完成旅客吞吐量4980.2万人次，继续位居全国第四、中西部第一。成都机场除了旅客吞吐量继续攀升外，国际（地区）航线和出入境流量都站上新的台阶。2017年，成都新开通了直飞洛杉矶、亚的斯亚贝巴、奥克兰、纽约、伊尔库茨克、清莱等6条国际定期客运航线。成都国际航线已达104条，位列全国第四、中西部第一，各大洲航点数均达到2个以上，已覆盖亚洲、欧洲、北美、中东、非洲、大洋洲的重要枢纽城市。

总体来说，地理位置接近的出境旅游目的地受到更多成都旅游者的青睐，泰国常年高居成都出境游排行榜第一位，2017年同样如此，同比增长7.53%。但是美国、澳大利亚、英国等相对距离较远的目的地也在逐渐获得成都游客的关注，2017年出境游客增幅分别为88.57%、45.92%和123.01%。

4. 签证环境继续保持西南地区领先

当前，在成都已经设立与正在筹建且有意向设领的外国领事机构数量达到18家，仅次于上海、广州居全国第三。这些设立的领事机构大部分都可以办理领事签证业务。芬兰、奥地利、克罗地亚、立陶宛、葡萄牙、西班牙、英国、爱尔兰、澳大利亚、新西兰、南非、波兰、申根国家（比利时、丹麦、捷克、希腊、瑞典、拉脱维亚、斯洛文尼亚、马耳他）、加拿大、意大利、法国、德国、瑞士、荷兰和塞浦路斯27个国家在成都设立签证中心，较2016年增加了3个，基本覆盖了成都主要的出境目的地。成都继续保持西南地区最为便利的签证环境。

四、重庆市场

（一）市场概况

根据《2017年重庆市旅游业统计公报》，通过旅行社组织的出境游客206.30万人次，同比增长5.1%。其中港澳游增长最快，游客规模21.50万人次，同比增长31.6%；出国游人数最多，达178.85万人次，同比增长2.7%；赴台游人数5.95万人次，增长1.3%。出境游目的地前5位国家依次为泰国、新加坡、越南、日本和马来西亚，其中马来西亚取代韩国成为重庆出境游客重要目的地之一。

（二）出境市场影响因素

1. 城市经济稳步增长

2017年，重庆市经济发展持续走好，结构调整稳步进行。全年重庆市实现地区生产总值19 500.27亿元，比上年增长9.3%。全市人均地区生产总值达63 689元，比上年增长8.3%。全市居民人均可支配收入24 153元，比上年增长9.6%。其中，城镇居民人均可支配收入32 193元，增长8.7%；农村居民人均可支配收入12 638元，同比增长9.4%。全市居民人均消费支出17 898元，比上年增长9.2%。稳步提高的城市经济水平为出境旅游的发展奠定了坚实的经济基础。

2. 国际通达条件持续优化

2017年以来，重庆新开通至纽约、洛杉矶、墨尔本、宿务、莫斯科、伊尔库茨克、民丹岛等7条国际客运航线。累计开通的国际及地区航线达68条，通往全球22个国家、52个城市。2017年8月,重庆江北国际机场投用T3A航站楼和第三跑道,成为我国中西部地区第一个拥有三座航站楼,实现三条跑道同时运行的机场,机场设施保障能力和运输生产能力达到全国领先水平。未来,重庆机场还将开通至巴黎、布里斯班、圣彼得堡等远程国际航线,重庆国际航线网络将进一步完善,出境旅游的交通环境持续改善。

3. 签证办理日趋便利

2017年,有英国、加拿大、意大利、日本、荷兰、丹麦、柬埔寨、菲律宾、匈牙利、埃塞俄比亚等10个国家在重庆设立领事机构,其中能直接受理本国签证申请的有日本、柬埔寨、菲律宾、匈牙利、埃塞俄比亚驻重庆总领事馆。可在重庆办理签证的26个国家则包括加拿大、日本、英国、丹麦、柬埔寨、菲律宾、埃塞俄比亚、法国、德国、荷兰、意大利、瑞士、奥地利、芬兰、斯洛文尼亚、爱沙尼亚、捷克、立陶宛、马耳他、匈牙利、瑞典、西班牙、希腊、克罗地亚、比利时、斯洛伐克。

2018年5月1日起,重庆市全面实行出入境证件"只跑一次"制度,确保申请人到出入境办证厅一次,即可完成全部手续。为确保申请人办证"只跑一次",重庆市出入境办证厅全面推行"一证办"、免费照相、免费复印等服务,并对监护关系、居住证、社保信息等能够通过信息共享核查的,无须申请人提交相应证明材料,实现出入境证件申办"一站式"办结。同时,通过优化办理证照流程,申请人在申办普通护照、往来港澳通行证及签注、往来台湾通行证及签注时,在同一出入境接待场所一次性完成证件照片采集、申请材料提交、指纹采集、面见核查、证件缴费等全部申办手续。重庆市公安局出入境"绿色通道"办证增加紧急办证事项范围,为有需求的申请人提供急事急办贴心服务,最快2小时出证,还陆续推出"非工作日办证",提供周六、办证高峰以及节假日前延时、错峰受理申请服务。

五、广东市场

(一)出境旅游市场概况

1. 出境旅游市场基本面持续向好

受人民币持续升值和世界各地对中国游客放宽签证等利好因素影响,今年以来华南地区居民出境旅游市场持续稳定增长。以广东省为例,截至2017年

12月,全省旅行社组织出境旅游1021万人次,与2016年相比增长13.53%。其中组织港澳游456.73万人次,组织台湾游22.19万人次,组织出国游542.29万人次。

2. 出境旅游市场客源产出、流量与流向分析

该部分以广东省为例,根据广东省旅游局统计数据,对该地区出境旅游市场客源产出、出境流量和流向特征进行分析。

(1) 2017年广东省各市客源产出规模比较

根据广东省旅游局统计数据,2017年广东省各市出境旅游人次分布情况如下图所示。深圳市、广州市、佛山市、珠海市和中山市出境人次排在全省前五位,规模分别为469.10万人次、310.80万人次、112.43万人次、49.44万人次和26.65万人次。这五个城市为广东省的主要出境游客产出地,该五个城市的出境客源产出量占整个广东省出境总人次的94.9%。

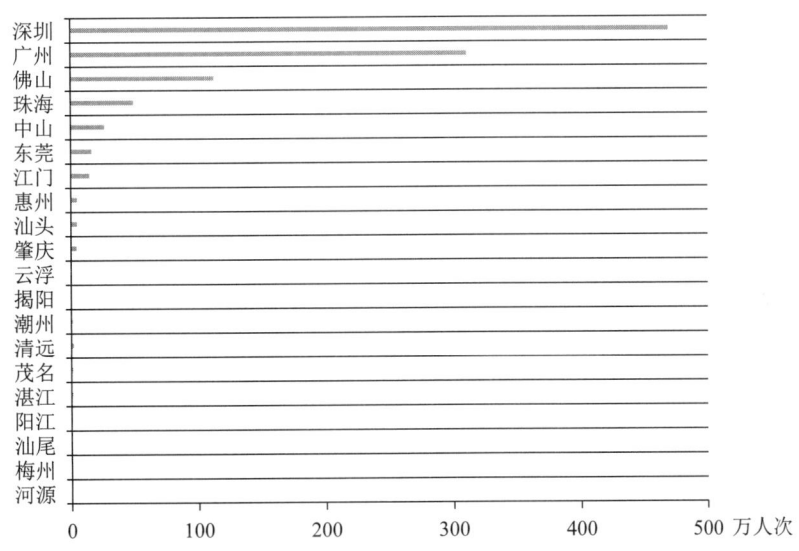

图2-5 2017年广东省各市出境旅游人次分布情况(团队)

(2) 2017年广东省出国与赴港澳台市场规模比较

2017年,广东省出境旅游(团体)数量以赴中国香港为主,赴港旅游人次数占出境旅游总规模的30.56%,出国旅游占53.1%,赴中国澳门和中国台湾地区的旅游人次数分别占14.17%和2.17%。

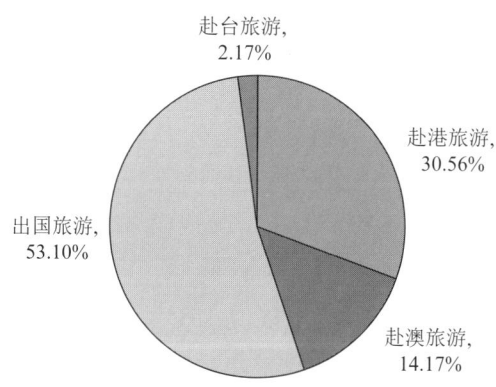

图 2-6 2017 年广东省出国和赴港澳台地区旅游市场占比情况（团队）

（二）出境旅游市场影响因素

1. 针对性推广与签证便利化效应叠加影响游客对旅游目的地的选择

2017 年奥克兰机场携手罗托鲁瓦旅游局在中国广州进行推广，向华南地区旅游业者以及消费者展示新西兰丰富的旅游资源，并自 2017 年 5 月 8 日起中国游客个人多次往返的旅游签证有效期将由目前的三年延长至五年。推广活动与签证便利化政策的效应叠加大大促进了华南地区游客出境游的热情。

2. 多元化的旅游产品也成为影响游客目的地考量的重要因素

2017 年出境旅游市场稳定增长的同时，消费和服务升级是最大的特征和趋势。传统的单一旅游产品不能满足消费者需求，游客对于旅游主题的需求也有明显的变化，单纯的"酒店＋景点"模式的吸引力逐渐降低，深度游、私人定制式的旅游产品开始走俏，"路线＋本地玩＋门票产品"的多元化模式正在崛起，以"当地人的方式"旅行越来越受到自由行游客的欢迎。2017"品质旅游年"广之旅推出的 6 大主题精品线路、广东省旅游集散中心推出"纯玩团"、2017"华南邮轮母港 3 小时旅游圈"等一系列产品带来新的旅游增长点。

3. 航空公司持续加码使得华南地区游客出境游选择增多

作为国内出境游第一大市场，华南地区已成为各大航空公司持续加码的重点。多家航空公司纷纷开通广州直飞国际旅游航线，如开通广州至越南下龙湾包机、广州至留尼汪直飞航线、广州—温哥华—墨西哥城往返航线，对航空资源进行了补充，有效降低了航空成本，令旅行社的出游价格维持平稳，高性价比更加"吸客"。

六、典型城市出境市场比较

本节依据调研资料，对北京、上海、重庆、广州和成都五个城市的出境市场消费特征进行了对比分析。

（一）出境游客人文特征统计

（1）重庆出境游客女性比例相比其他城市更高。

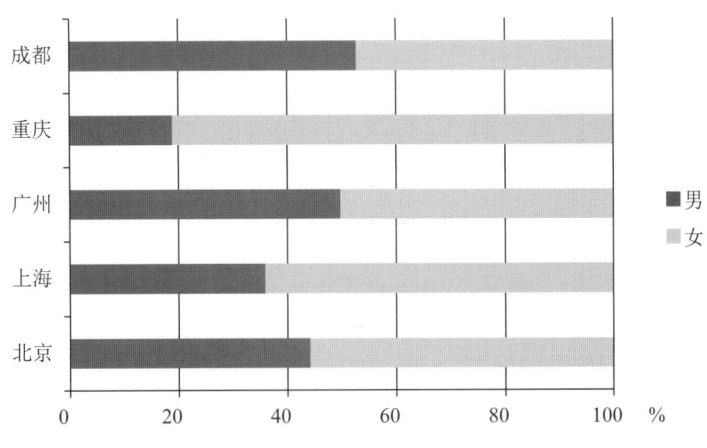

图 2-7　各城市受访对象性别分布

（2）成都25~34岁的出境游客比例最高，上海45岁以上的出境游客比例最高。

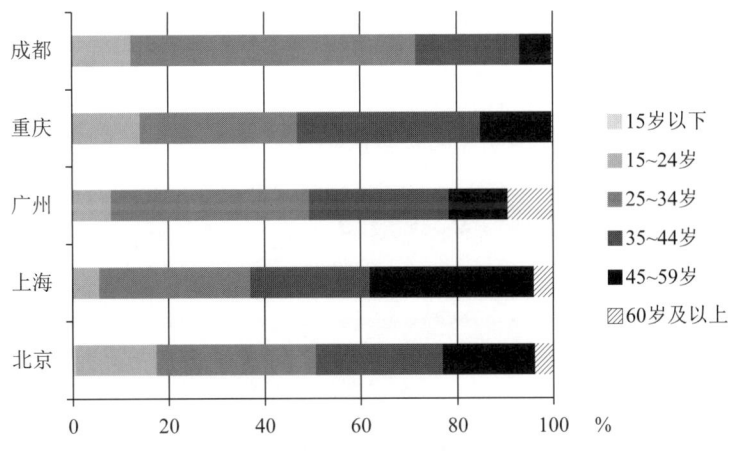

图 2-8　各城市受访对象年龄分布

（3）除重庆外，其余城市的本科及以上高学历的出境游客占比较大。

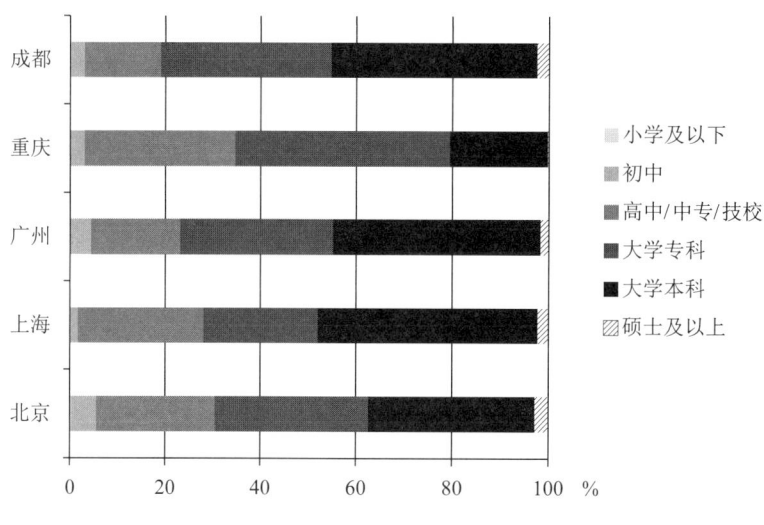

图 2-9　各城市受访对象学历分布

（4）除重庆外，其余城市的高收入（8000元以上）游客比重相当。

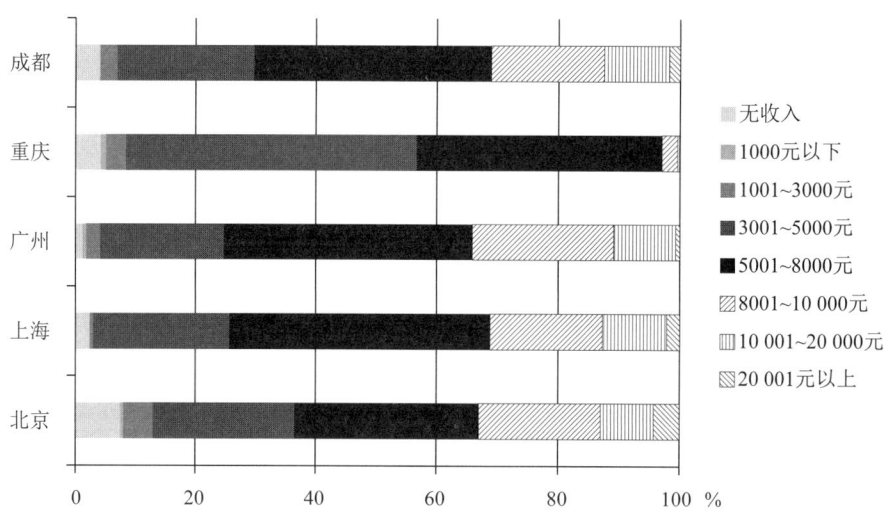

图 2-10　各城市受访对象个人月收入分布

（二）出境游客消费决策影响因素

（1）重庆游览观光游客的比例最高；成都休闲度假游客的比例最高。

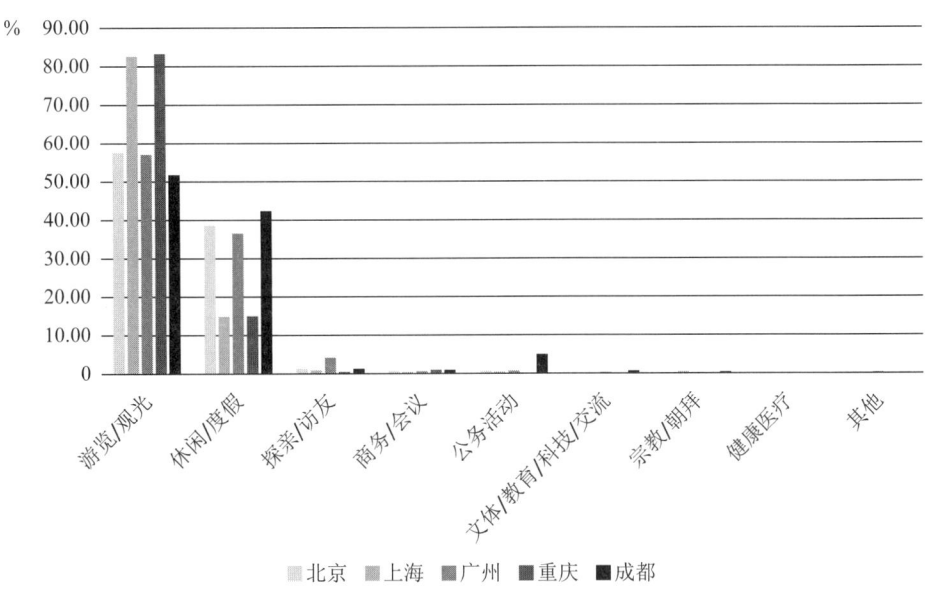

图 2-11　各城市出境游客的出境旅游动机

（2）广州和重庆游客对旅游景点及目的地吸引力最为看重；上海、北京、成都游客对旅行费用和景点吸引力较为关注。

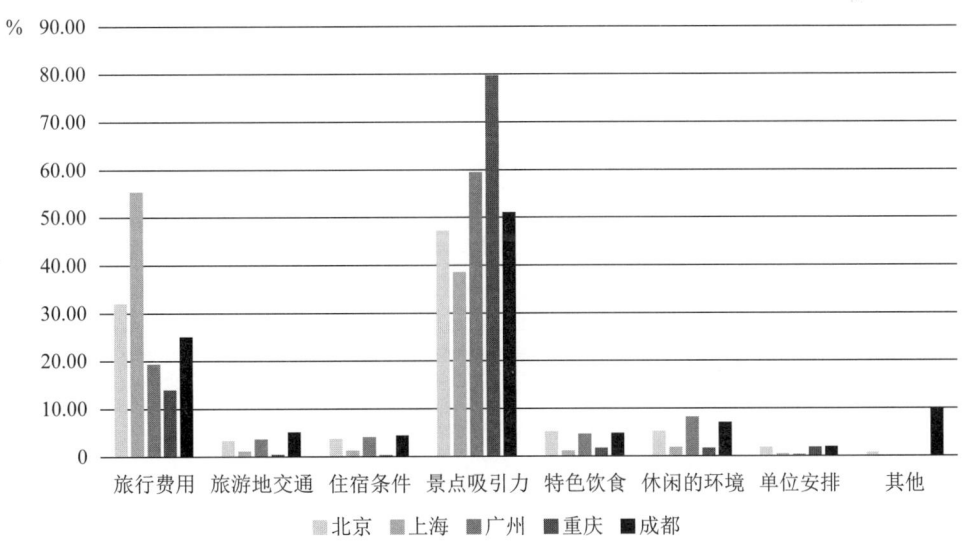

图 2-12　各城市出境游客出境最关注因素

（三）出境游客消费决策特征

（1）北京和广州自助游客比例高，重庆及成都参团游客的比例高。

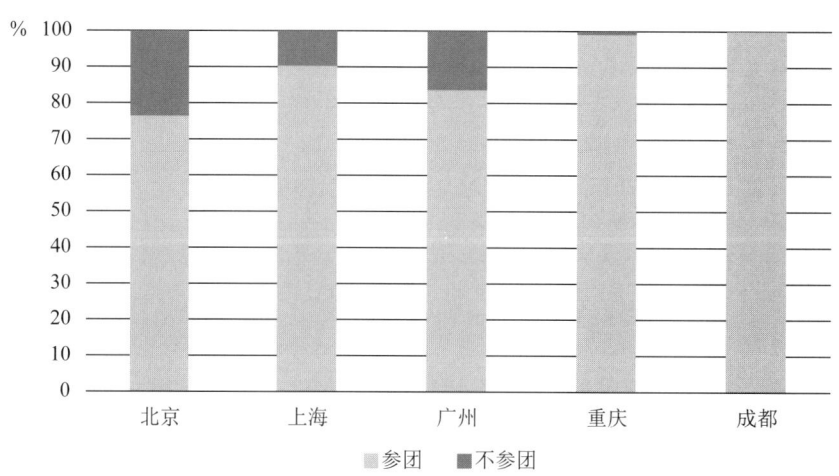

图 2-13　各城市出境游客出境方式选择

（2）重庆游客和家人一起出游比例高于其他城市；上海游客和机关、事业单位同事出游的比例高于其他城市；成都独自出游的比例高于其他城市。

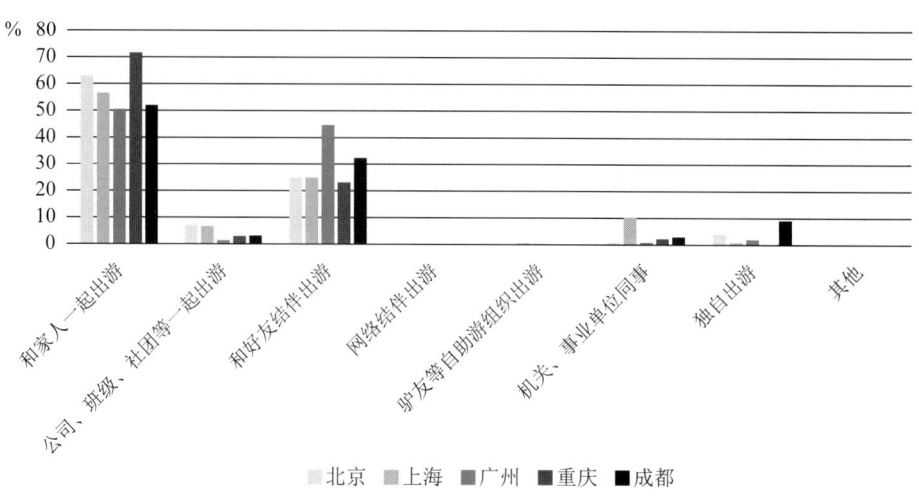

图 2-14　各城市出境游客出游结伴对象分布

（四）出境游客消费结构特征

（1）上海游客人均消费 20 001 元以上的游客比例最高，而其他四个城市游客的人均消费集中在 5001~10 000 元。

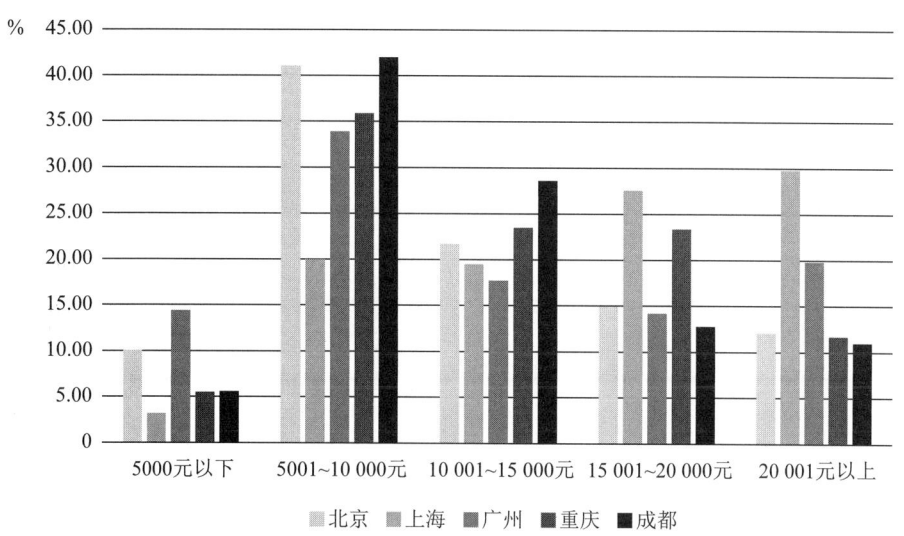

图 2-15　各城市受访出境游客人均花费分布

（2）不同于其他城市，相对于团费支出，上海游客的自费支出更多；广州游客跟团消费的花费最高。

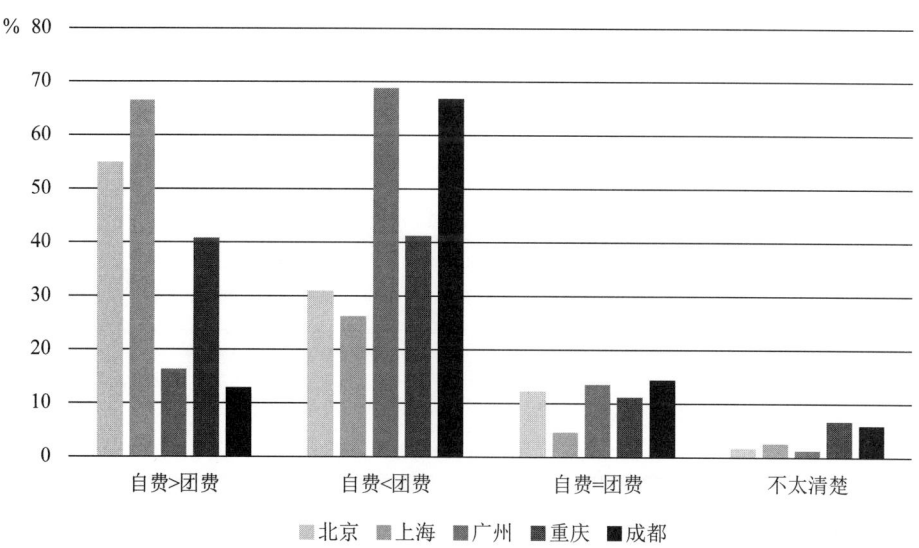

图 2-16　各城市受访出境游客自费与团费消费分布

（3）上海游客的购物消费明显高于其他城市；北京游客用于交通和住宿项目的支出高于其他城市；成都游客的文化娱乐和住宿花费明显高于其他城市；广州和重庆游客用于旅游团费的支出明显高于其他城市。

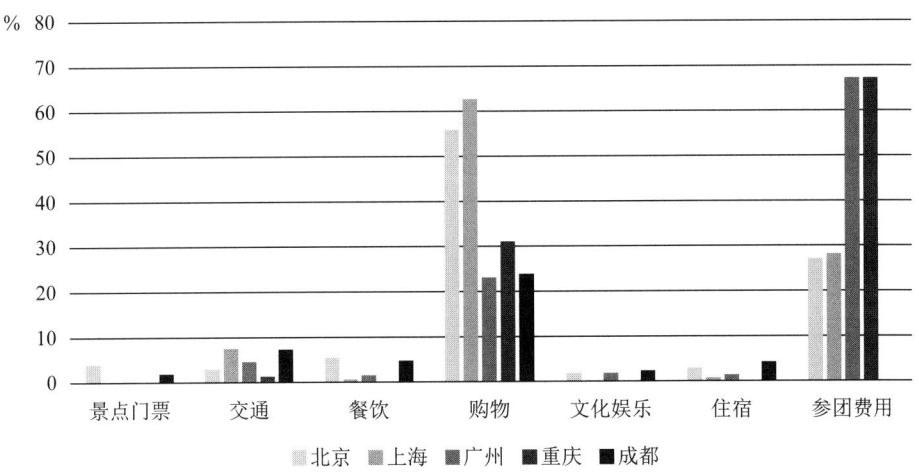

图2-17　各城市出境游客旅游花费最高的项目分布

第三章
目的地消费行为

第一节 总体分析

一、出境游客消费特征变量结构

本次调研使用的问卷是由中国旅游研究院设计的"出境旅游行为调查问卷",共涉及22个变量。本次调研将变量抽象为6个范畴,分别为人文统计特征、消费决策影响因素、消费决策、消费结构、消费预订渠道和未来消费意向。调研始于2017年年初,每个季度完成一次调研。调研组同时在北京、上海、广州、重庆、沈阳、西安、成都、杭州、深圳和哈尔滨10个城市开展问卷调研,本次调研共收回有效问卷16 407份。

二、出境游游客人文统计特征

调查发现:出境游客的性别比例差距较大,女性市场远大于男性市场,差距比2016年有所上升;中青年出境游客居多,25~44岁年龄段人数所占比例高达66.2%;大学本科和大学专科学历的出境游客人数比例最高,合计约67.1%,与2016年学历分布类似;来自批发和零售行业的出境游客所占比例最高,为12%;个人月收入在3001~8000元的比例最高,为61.4%,比2016年分布更加集中。

(一)女性游客出游比例较大

男性出境游客的比例为37.7%,女性比例为62.3%,差距为24.6%,比上年20.6%上升了4%。

(二)80后成为出游主体

属于80后群体的25~34岁的出境游客最多,占总样本的33.6%。其次是35~44岁的出境游客占比为32.6%。总体来看,被调查者年龄大都分布在25~44岁,中青年较多,与2016年年龄分布类似。

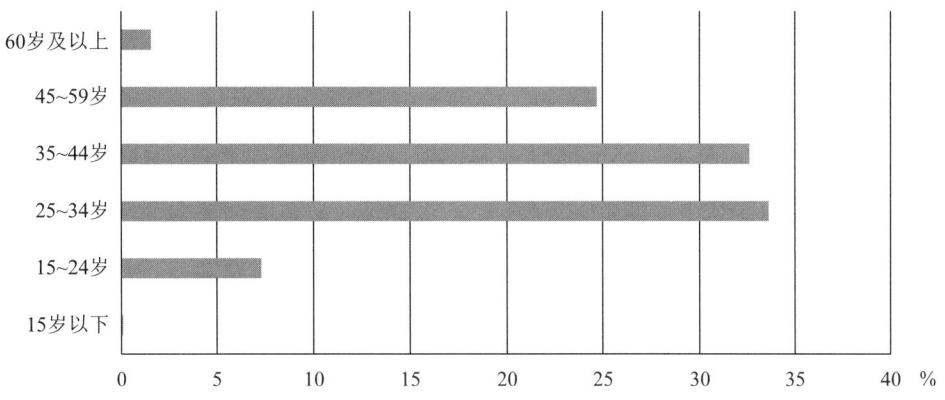

图 3-1 2017 年中国内地受访出境游客年龄分布

（三）出游人群主体为大学本科与专科学历者

在调查对象中，大学专科学历者占比最高，达总样本的 37.7%，其次是大学本科学历者，占 29.4%，高中/中专/技校学历者占 27.7%，初中、硕士及以上学历和小学及以下学历者较少，占比仅分别为 4.2%、0.8% 和 0.2%。

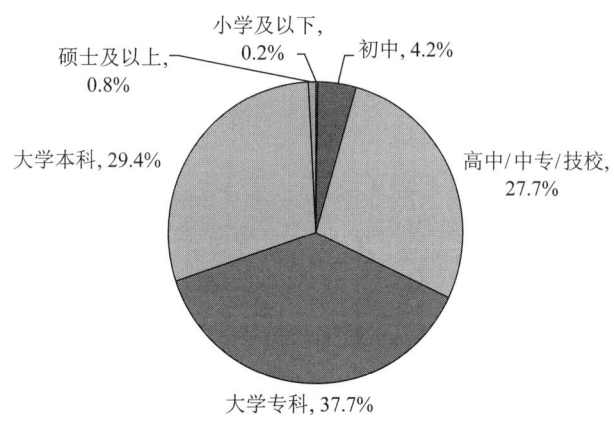

图 3-2 2017 年中国内地受访出境游客学历分布

（四）职业覆盖面广泛

受访者所从事的行业覆盖面非常广，几乎涵盖各个行业的人员。但以批发和零售、制造业、居民服务和其他服务业、教育及退休人员居多，占比分别为 12%、9.9%、8.9%、7.1% 和 6.9%。

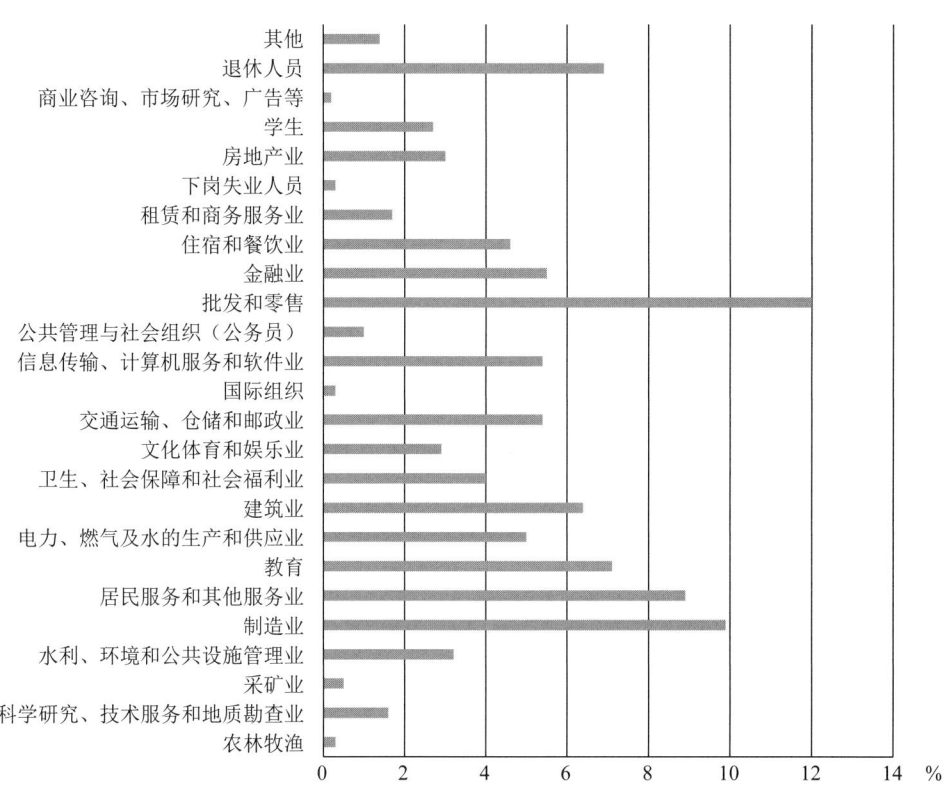

图 3-3 2017 年中国内地受访出境游客职业分布

（五）中高收入人群为出游主体

被调查者税前月收入主要集中在 3001~8000 元，占比为 61.4%。其中收入为 3001~5000 元游客的占 28.6%，5001~8000 元的游客占 32.8%。无收入游客占 2.4%，20 001 元以上收入者同样较少，占比为 1.9%。

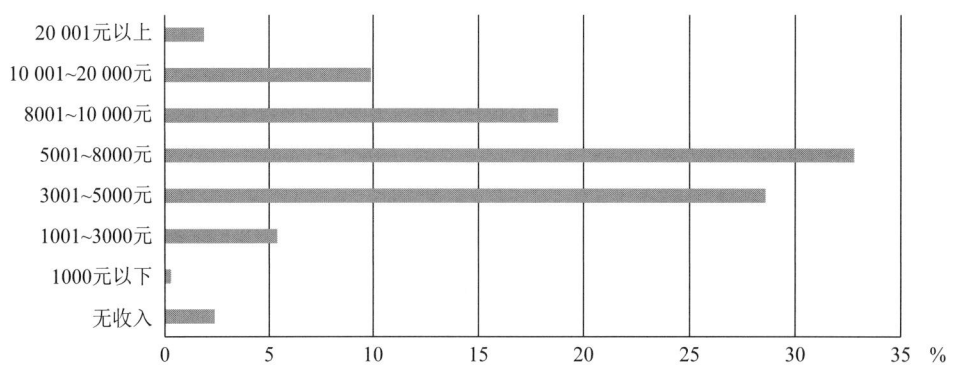

图 3-4 2017 年中国内地受访出境游客个人税前月收入分布

三、出境游游客消费决策影响因素

调查结果显示首次出境旅游的游客居多,占总样本的53.45%;游览观光和休闲度假是出境旅游的主要目的;68.9%的受访对象认为出境旅游是重大消费决策;对出游频率和决策重要程度的调查结果表明,出境旅游作为重大决策,仍然是人们普遍难以决策的消费选择。

(一)首次出境的游客居多

首次出境旅游的游客居多,占总样本的53.45%,第二次出境的游客占21.18%,第三次出游者占12.13%,出境三次及三次以上者占13.24%,说明大部分游客的出境旅游频率并不高。

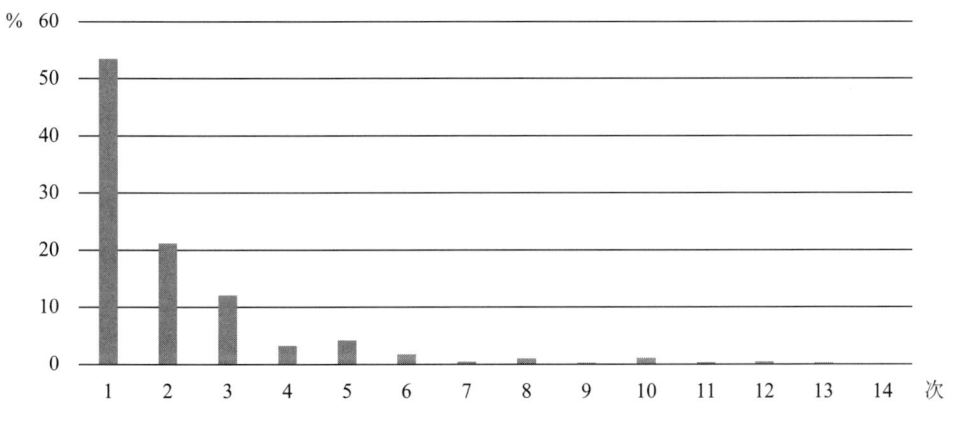

图3-5 2017年中国内地受访出境游客出境游次数分布图

(二)出境旅游对于大多数消费来说仍属于重大消费

68.9%的受访者认为出境旅游是重大消费决策,这一比例比2016年的62.5%有所上升。

(三)出境旅游信息来源以网络、亲友介绍为主

游客在出境旅游前大都通过网站/BBS/论坛、亲朋好友介绍来获得相关旅游信息,选择以上信息渠道的分别占总样本的60.2%、62.7%,使用其他信息渠道的游客相对较少。

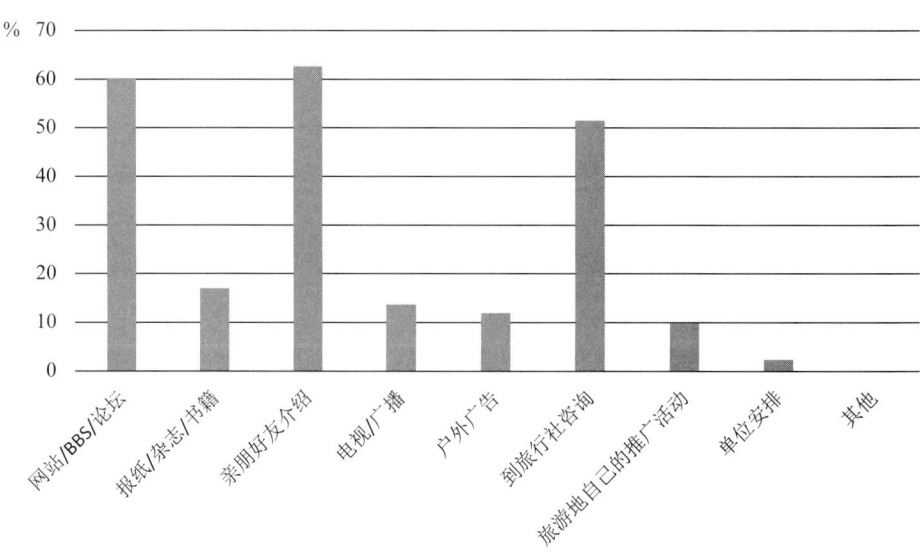

图 3-6　2017 年中国内地受访者出境游信息来源

（四）出游前主要查找景区、价格与民俗风情信息

从调查结果来看，游客在出游前主要了解的信息包括景区（点）信息（71.4%）、旅游价格信息（61.7%）、旅游地民俗风情（36.7%）以及交通信息（33.8%）。

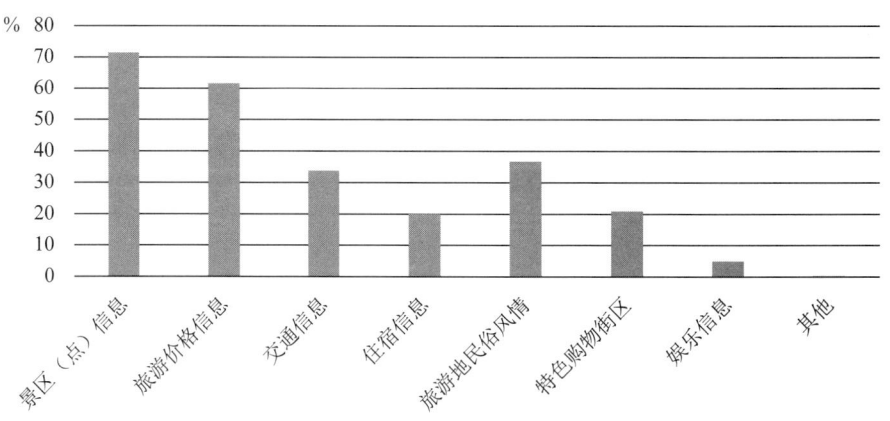

图 3-7　2017 年中国内地受访者出游前了解的信息

四、未参团游客出境游游客消费决策特征

出境游客大都是和家人或朋友一起结伴而行；在选择境外旅游目的地时，更加注重景点/旅游地吸引力；72.1%的受访者愿意通过旅行社安排境外旅游活动，在选择旅行社时游客更注重旅行社的品牌知名度、诚信度和朋友推荐；中国游客在选择境外住宿酒店时青睐于中等价位酒店和经济型酒店。

（一）出境游客偏好与家人、好友结伴出游

游客大多和家人一起境外旅游，占受访者总数的61.9%。和好友结伴进行境外旅游活动的游客也比较多，占28.8%，和这两类同伴出游的游客数量明显多于和其他类型同伴出游的游客数量。

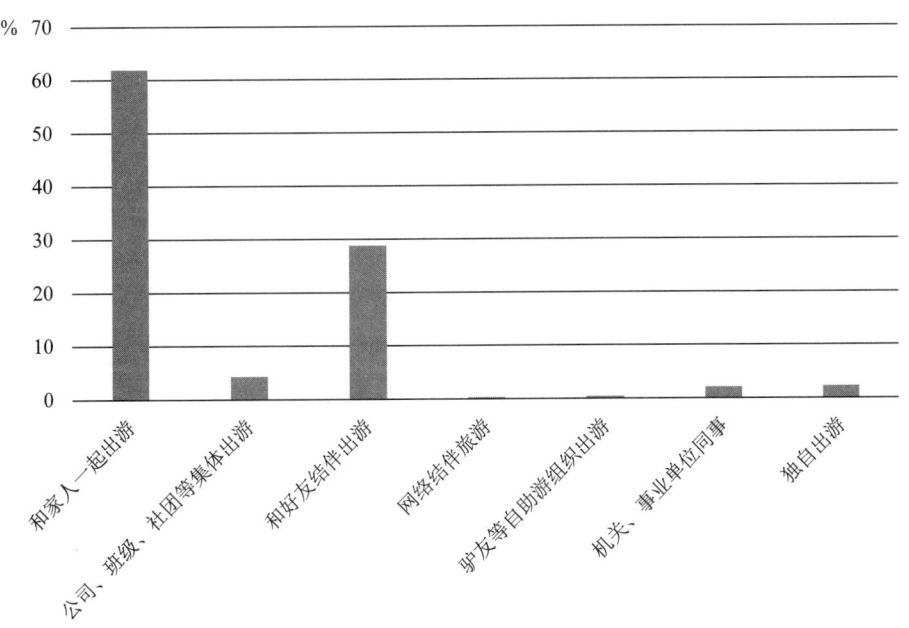

图3-8　2017年中国内地受访出境游客境外出游同伴

（二）出境游客目的地选择受景点/旅游地吸引力的影响最大

46.4%的游客在选择境外旅游目的地时，首先看重的是景点/旅游地吸引力，其次是旅行费用（32.2%），选择旅游地交通等其他影响因素的明显较少。

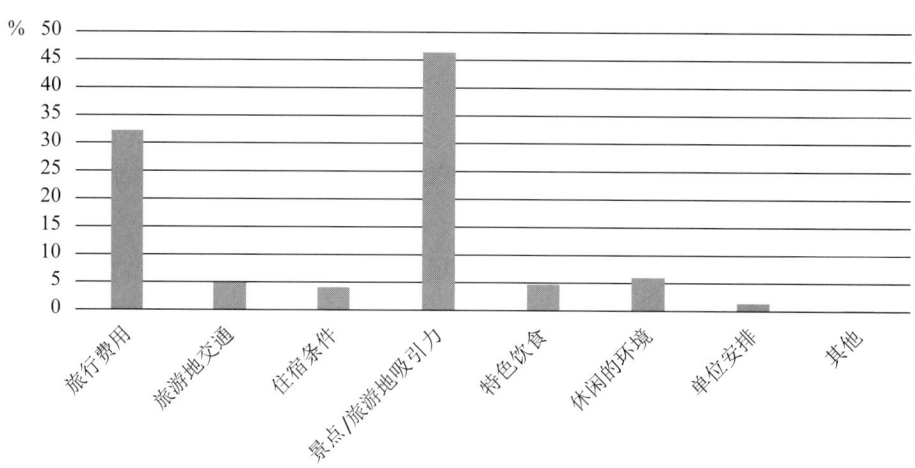

图 3-9 2017 年中国内地受访出境游客线路选择影响因素分布

（三）参加旅行社比例较高

境外旅游参加旅行社的游客比例达 72.1%，与 2016 年的 72.8% 相比，基本持平，说明大多数游客对于不太熟悉的境外旅游依然倾向于通过旅行社安排出游活动。

（四）品牌知名度的重要性提升

出境游客大多通过旅行社来组织境外旅游活动，影响游客旅行社选择的因素有旅行社的品牌知名度、诚信度、朋友推荐和旅行社的收费标准，其中 56% 的受访者选择品牌知名度，46.5% 选择朋友推荐，43.3% 选择诚信度，35.3% 选择收费标准。

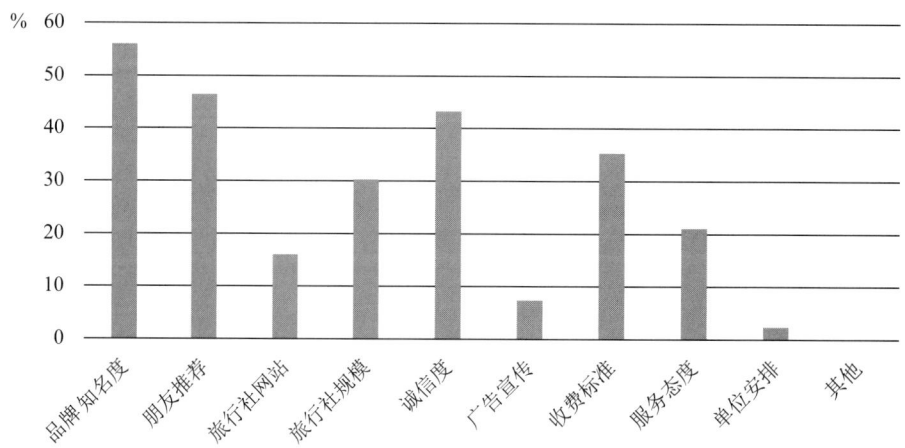

图 3-10 2017 年中国内地受访出境游客选择旅行社的影响因素

（五）中等价位酒店依然是出境游客的最重要选择

在住宿设施选择方面，游客偏向于选择中等价位酒店和经济型酒店，选择这两类住宿设施的游客分别占总样本的49.1%和27.9%，与2016年相比基本持平。与此同时，选择入住豪华酒店的游客也不在少数，占20.4%，选择社会旅馆等其他类型住宿设施的游客相对较少。

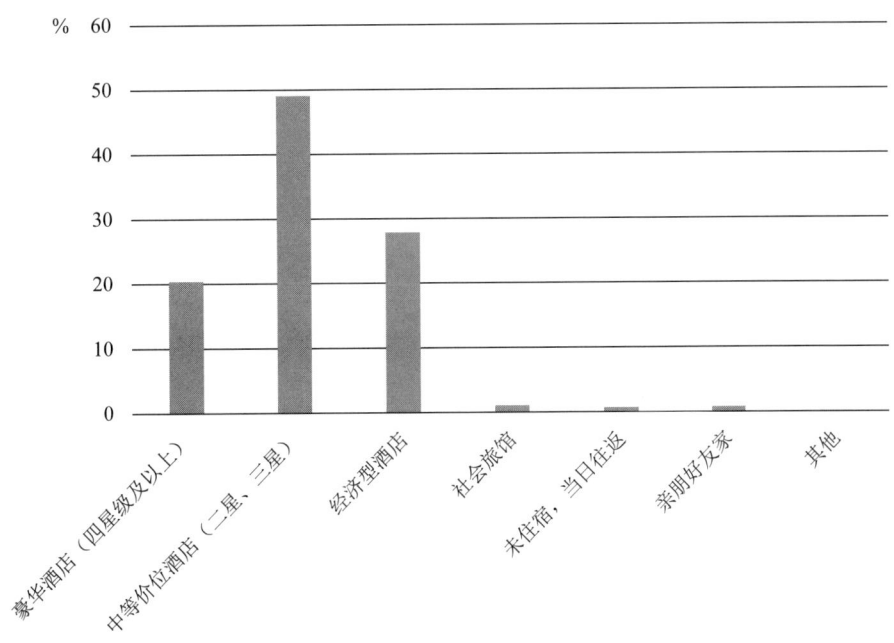

图 3-11　2017年中国内地受访出境游客住宿选择分布

五、出境游游客消费结构特征

花费在5001~10 000元的游客比例最高，占总样本的32.1%。出境游花费的项目主要包括购物、参团费用和餐饮，其中，花费最高的两项是参团费用和购物。

（一）中高端消费群体比例增长

中国出境旅游表现出中高端消费特征，单次出境游花费在10 001元及以上的受访者占总样本的62.8%。消费在5001~10 000元的游客最多，占32.1%。而花费在5000元及以下的受访者仅占5.1%。

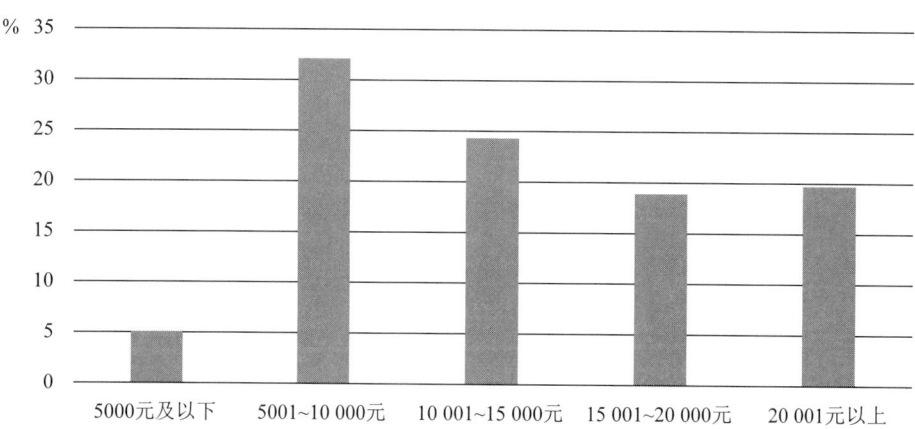

图 3-12　2017 年中国内地受访出境游客单次境外出游花费分布

（二）购物依然是境外旅游的最重要项目

选择购物项目的受访者最多，占总样本的 88.6%；选择参团费用项目的游客占 65.6%；选择餐饮项目的游客占 53.6%。

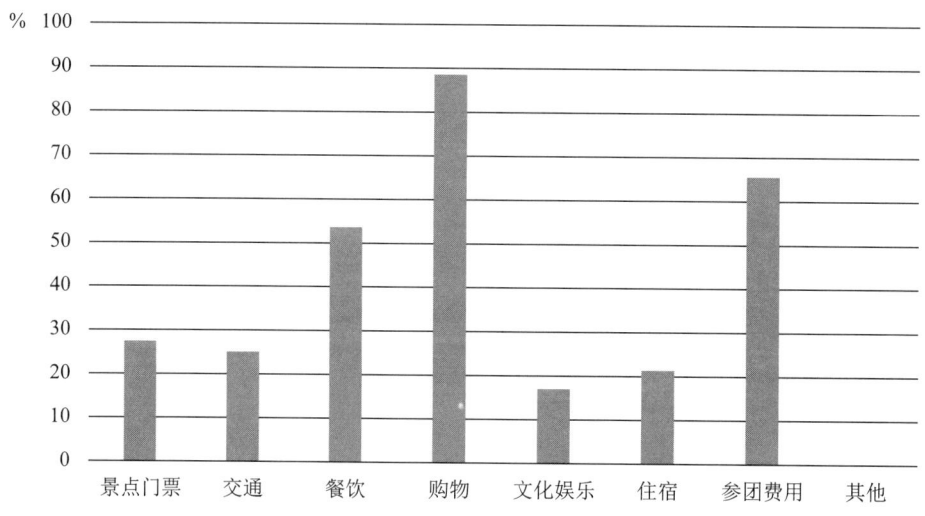

图 3-13　2017 年中国内地受访出境游客各消费项目选择占比

（三）参团费用和购物是境外旅游花费最高的两项

有 41.1% 的受访者认为参团费用花费最高，有 39.7% 认为购物花费最高，认为交通等其他项目平均花费较高的游客占比均较低，这凸显出中国游客的境外主要花费和花费最多的项目是购物和参团费用。

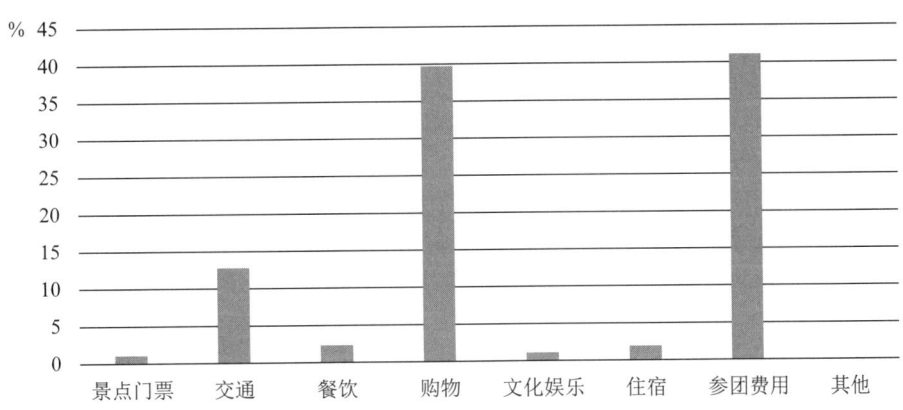

图 3-14　2017 年中国内地受访出境游客各项目平均消费

六、未参团游客出境游游客消费预订渠道

数据统计发现，不论是在航班预订、酒店预订还是安排旅游线路，未参团出境游客大都通过网络预订完成，网络在出境旅游中的利用愈加频繁。

（一）境外航班预订渠道

在受访者中，有 79.8% 的未参团游客通过网络完成机票的预订和购买，明显多于通过其他渠道购买的游客，如直接去售票点购买（7.1%）、电话预订（5.4%）等。

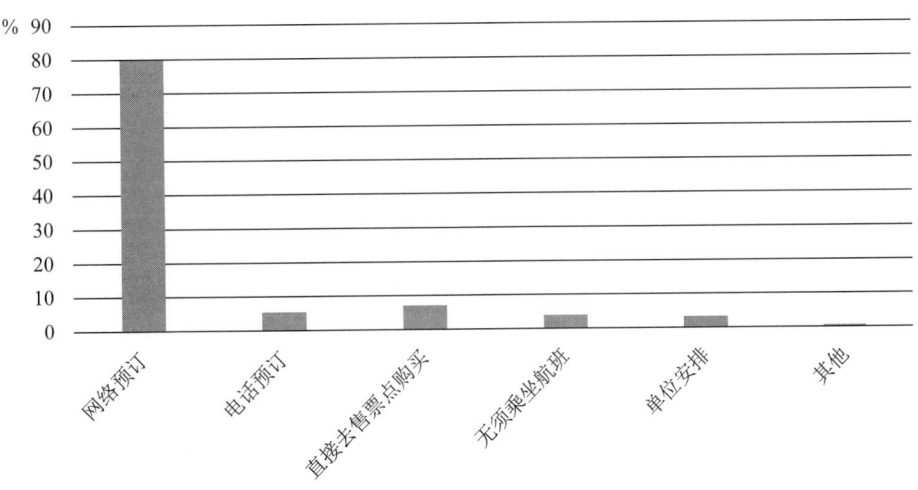

图 3-15　2017 年中国内地受访出境游客预订航班的渠道

（二）境外旅游预订酒店的渠道

在受访者中，有76.8%的未参团游客通过网络完成酒店的预订和购买，其次是在当地直接入住（8.6%）和电话预订（4.7%），而只有不到8%的游客通过其他预订和购买渠道选择住宿设施。

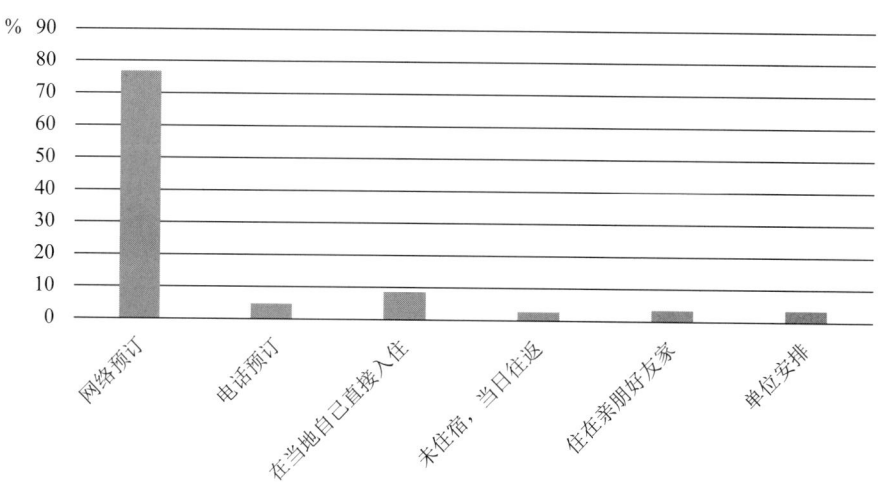

图3-16　2017年中国内地受访出境游客预订酒店的渠道

（三）旅游线路信息获取的渠道

在受访者中，有75.7%的未参团游客通过网络查找相关信息完成旅游线路安排。此外，有11.7%的游客通过亲友介绍，9.4%的游客为临时安排，未提前查找，还有3.2%通过单位安排。

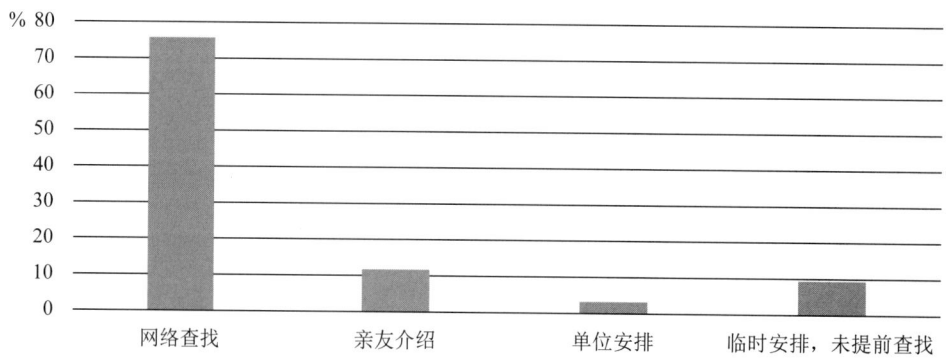

图3-17　2017年中国内地受访出境游客安排旅游路线的渠道

（四）境外旅游就餐地选择的渠道

在境外旅游时，未参团游客通过网络查找选择就餐地的未参团游客占41.8%；另外，通过"随意遇到"而选择就餐地的受访者占总样本的39.7%，通过当地人和亲友介绍就餐的未参团游客分别占13.3%及5.2%。说明对于就餐地的选择，未参团出境游客没有像选择航班、酒店和旅游线路那样依赖于网络查找和订购。

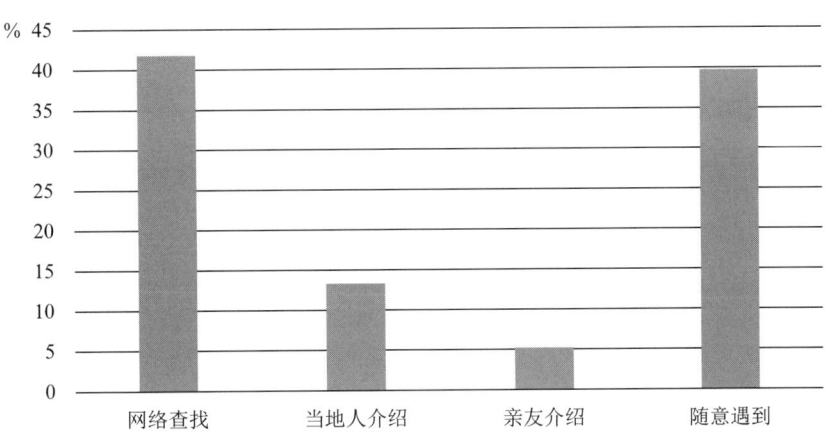

图3-18　2017年中国内地受访出境游客就餐地选择的渠道

七、出境游游客未来消费意向

（一）参加旅游团依然是出境旅游的重要选择

74.4%的受访者表示愿意参加旅游团进行出境旅游活动，23.6%的受访者觉得无所谓，仅有2%表示不愿意参加旅游团进行出境旅游活动。

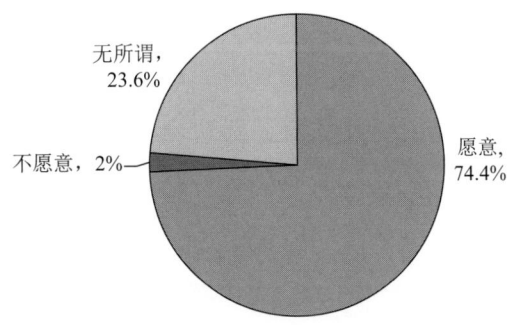

图3-19　2017年中国内地受访出境游客对参加旅游团出境旅游的态度

（二）出境游客未来出境主要意向保持稳定，集中在参观游览

从问卷统计结果来看，出境游客未来出境主要意向以参观游览为主，选择该选项的受访者占79.2%，意在参与性娱乐活动、了解当地居民情况和探险活动的游客分别占8.4%、6.6%、5.7%。

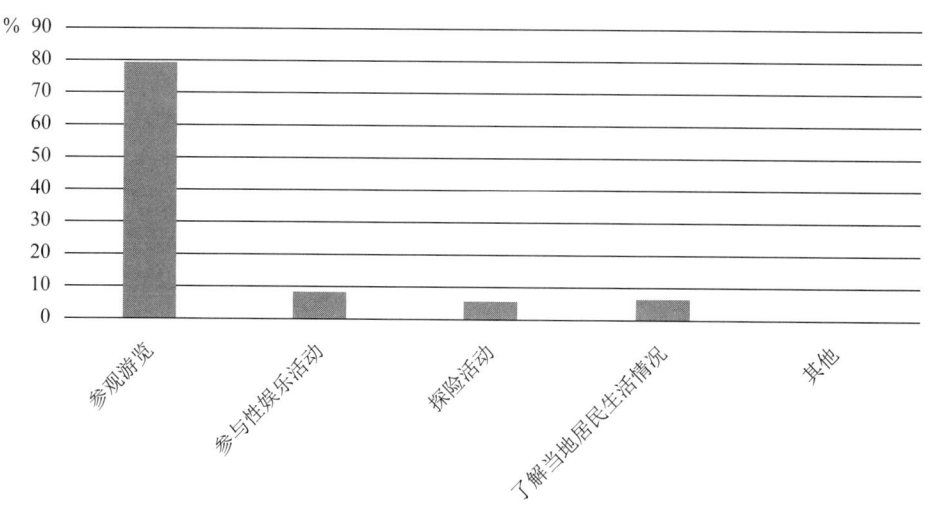

图3-20　2017年中国内地受访出境游客未来出境旅游消费项目意向分布

第二节　主要目的地消费特征

一、中国香港

（一）内地游客统计信息

根据香港旅游发展局的统计数据，2017年全年，内地赴港游客的规模是444万。其中一日游规模为259万，过夜游规模是185万。近十年来，中国内地赴香港旅游人次逐渐增加，2014年开始有下降趋势。

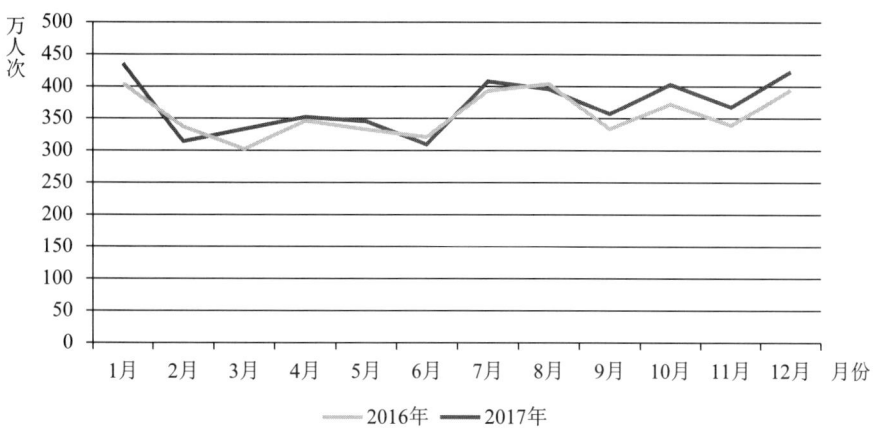

图 3-21　2016 年与 2017 年中国内地赴香港旅游人次及变化情况

资料来源：香港旅游发展局。

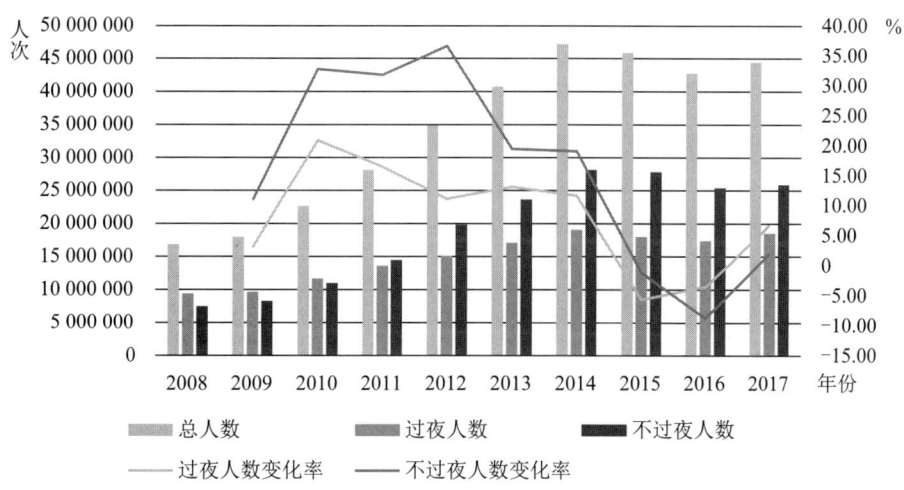

图 3-22　2008—2017 年中国内地赴香港旅游人次及变化率

资料来源：香港旅游发展局。

（二）内地赴香港游客人口特征统计

1. 性别

2017 年，内地赴香港旅游的过夜游客中有 39% 为男性，61% 为女性，性别比例与 2016 年持平。内地游客的男女性别比例基本维持在 4∶1。

2. 年龄

2017年内地赴港过夜游客的平均年龄为36.6岁，以中青年为主。

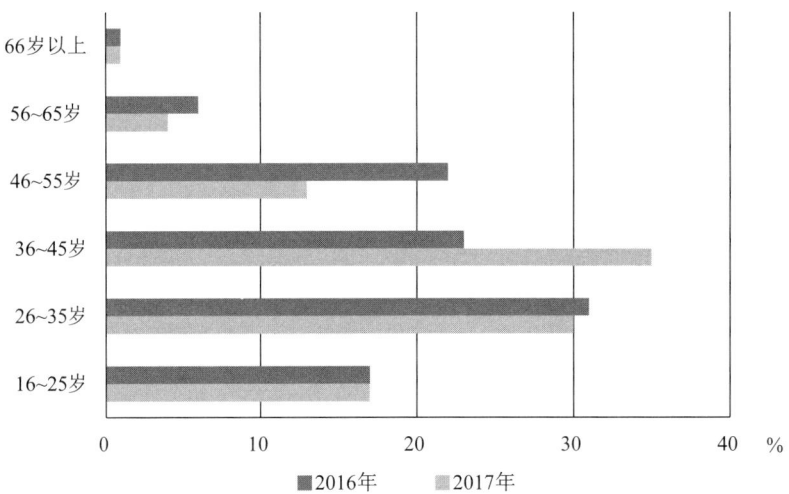

图3-23　2016年和2017年中国内地赴香港过夜游客年龄分布

资料来源：香港旅游发展局。

3. 婚姻状况

2017年，内地赴港过夜游客中68%为已婚人士，与2016年持平。

4. 职业

2017年，75%内地赴港过夜游客为在职人士。

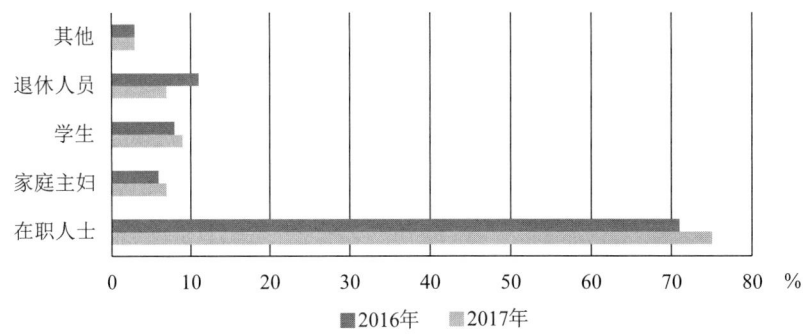

图3-24　2016年与2017年中国内地赴香港过夜游客职业分布

资料来源：香港旅游发展局。

（三）内地游客赴香港旅游决策影响因素

（1）度假及探亲访友持续为中国内地赴港过夜游客旅游的主要目的。

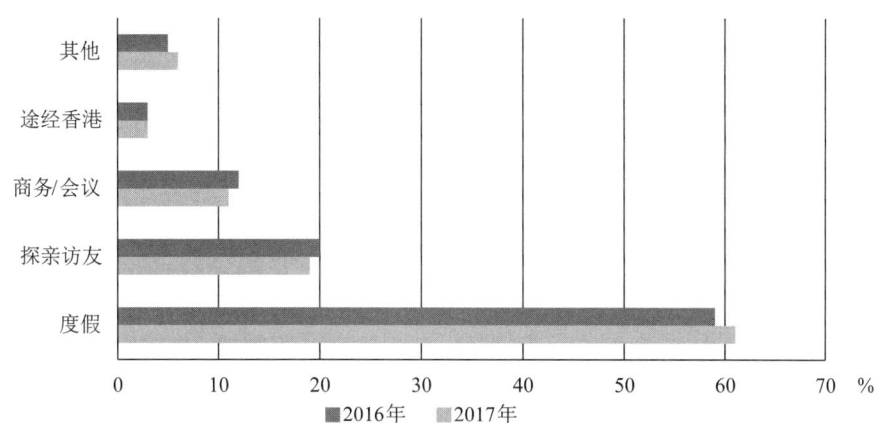

图 3-25 2016 年和 2017 年中国内地赴香港过夜游客旅游目的分布

资料来源：香港旅游发展局。

（2）首次赴港过夜旅客占比降低，赴香港重游率高。

2017 年，首次内地赴港的过夜游客占 18%，与 2016 年持平，82% 的内地过夜游客是两次及两次以上访港。

（四）内地游客赴港旅游的消费决策特征

（1）近七成内地赴港过夜游客选择结伴而游，多选择与亲属/朋友/同事、异性伴侣及子女结伴同行。

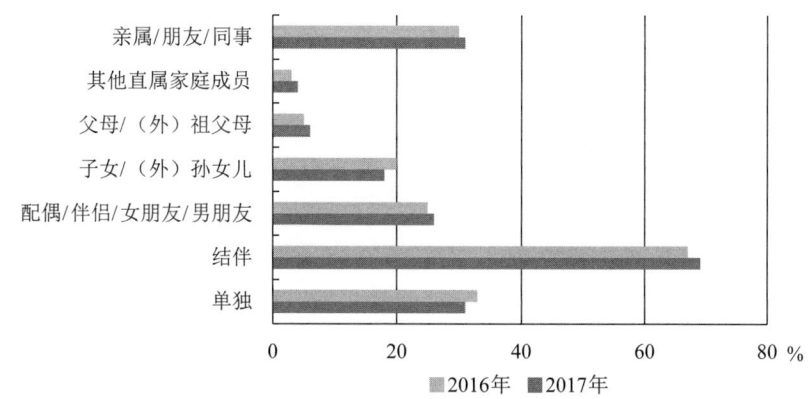

图 3-26 2016 年与 2017 年中国内地赴香港过夜游客旅游结伴情况

资料来源：香港旅游发展局。

（2）内地游客在港停留时间较长。

2017年，内地过夜游客在港平均停留时间为3.1晚，略低于香港入境游客的平均停留时间（3.2晚），但高于其他近程客源国市场过夜游客的停留时间（2.7晚）。

（五）内地游客消费结构特征

（1）2017年内地赴港过夜游客的人均消费为7010港元，每日平均消费2248港元，主要消费项目为购物，占比60.2%，与去年相比有所下降。用于住宿、餐饮等其他项目的支出相对增加。

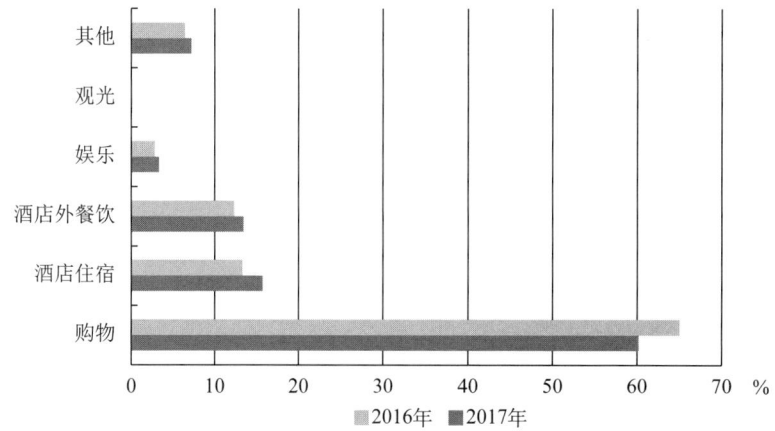

图3-27　2016年和2017年中国内地过夜游客在港消费结构

资料来源：香港旅游发展局。

（2）内地过夜游客购买的主要商品为化妆品、服装、小食/糖果等物品。

（3）各类物品的消费量有所下降。

2017年内地游客在港消费的单项产品中，化妆品/香水、食品/酒类/香烟、衣服/布料所占比重较大，分别占47%和34%和30%。与上年同期相比，除化妆品/香水外均有所下降。

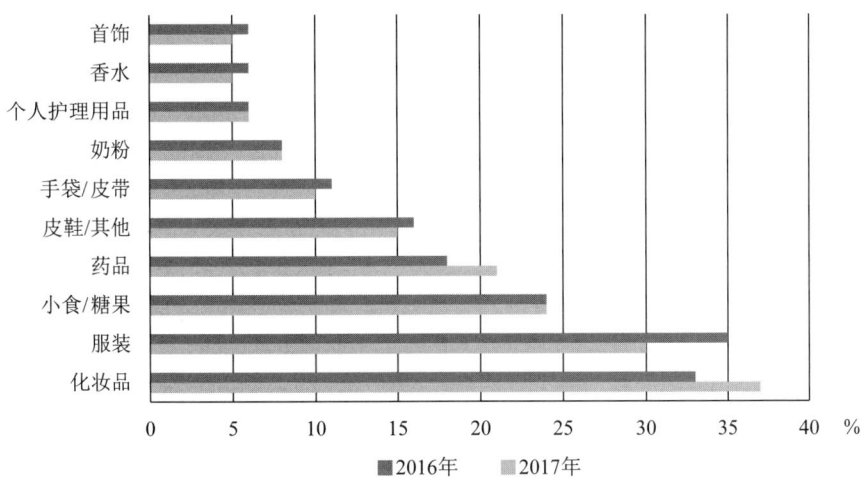

图 3-28 2016 年与 2017 年中国内地过夜游客主要购买物品

资料来源：香港旅游发展局。

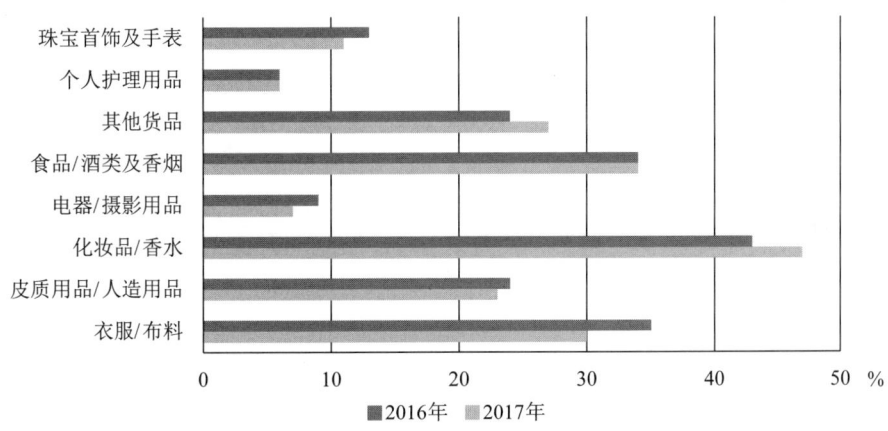

图 3-29 2016 年与 2017 年中国内地游客在港单项消费情况对比

资料来源：香港旅游发展局。

（六）内地游客满意度

2017 年内地访港游客的整体满意度相对较高。与 2016 年相比，对酒店、娱乐整体评价有所下降外，其他均有所上升。

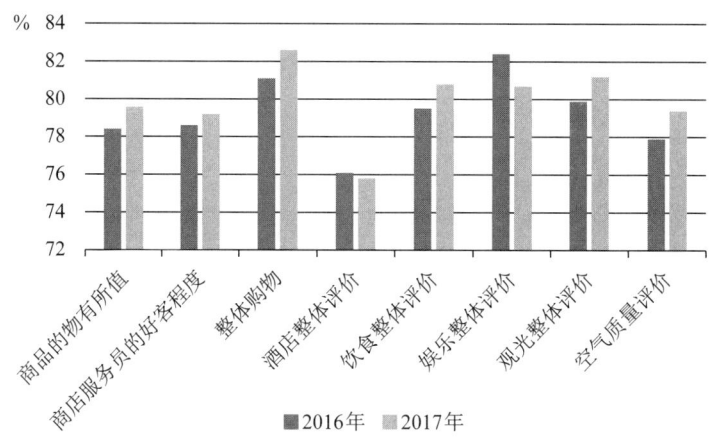

图 3-30 2016 年与 2017 年中国内地游客赴港满意度水平（满分为 100）

资料来源：香港旅游发展局。

二、中国澳门

（一）内地游客统计信息

根据澳门政府旅游局的统计数据，2017 年全年，内地赴澳门游客的规模是 2219 万。2017 年中国内地赴澳门旅游市场规模比去年略高，增加 8.5%。近十年来，中国内地赴澳门旅游人次逐渐增加，2016 年过夜人数首次超过不过夜人数。

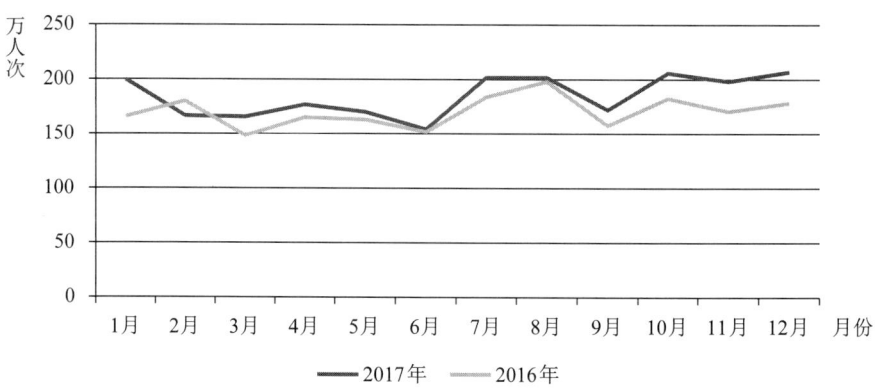

图 3-31 2016 年和 2017 年中国内地赴澳门旅游人次

资料来源：根据澳门政府旅游局官方网站整理。

第三章 目的地消费行为
Chapter 3 Consumer Behavior at the Destination

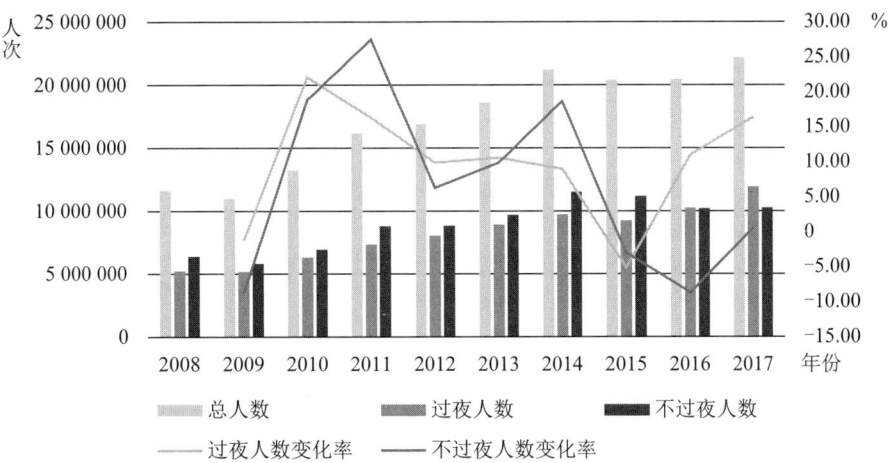

图 3-32　2008—2017 年中国内地赴澳门旅游人次及变化率

资料来源：根据澳门政府旅游局官方网站整理。

（二）内地赴澳门游客人口特征统计

2017 年，内地赴澳门游客中，非在职人员占比最高，近 1/3。在职人员中，机构领导及管理人员占比最高。

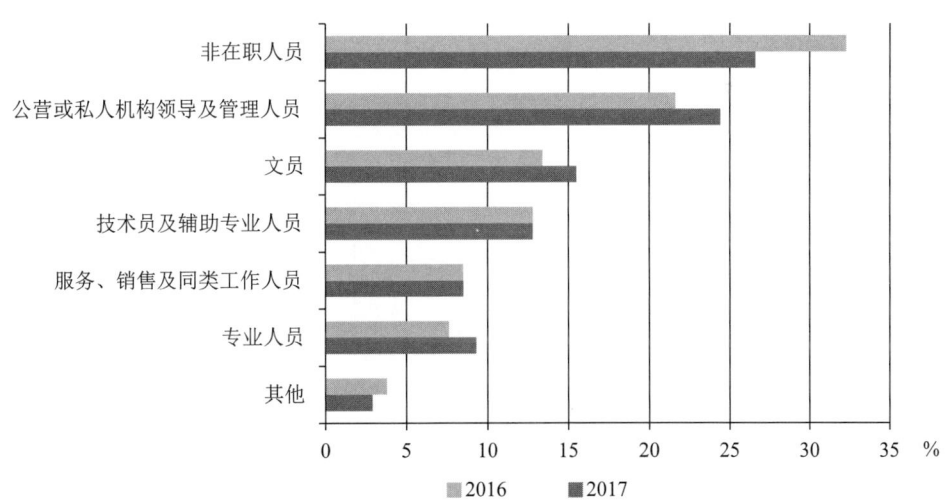

图 3-33　2016 年和 2017 年中国内地赴澳门游客职业分布

资料来源：根据澳门政府旅游局官方网站整理。

（三）内地游客赴澳门旅游的消费决策特征

近一半的内地度假赴澳门旅游的目的为度假，较2016年的占比有较大提升。探亲访友、商务以及参加展会的游客占比同样较上年有所增加。

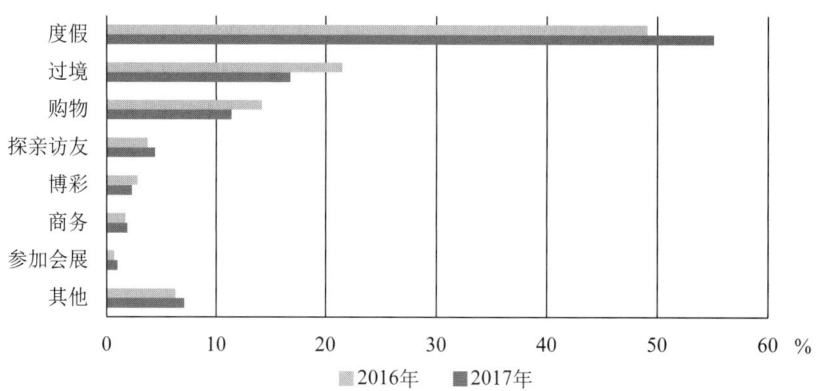

图 3-34　2016 年和 2017 年中国内地游客赴澳门旅游目的分布

资料来源：根据澳门政府旅游局官方网站整理。

（四）内地游客消费结构特征

（1）内地游客赴澳门旅游选择入住五星级酒店的比例下降。

相比2016年，2017年选择五星级酒店的游客占比下降，而选择三星级酒店的游客占比增加。

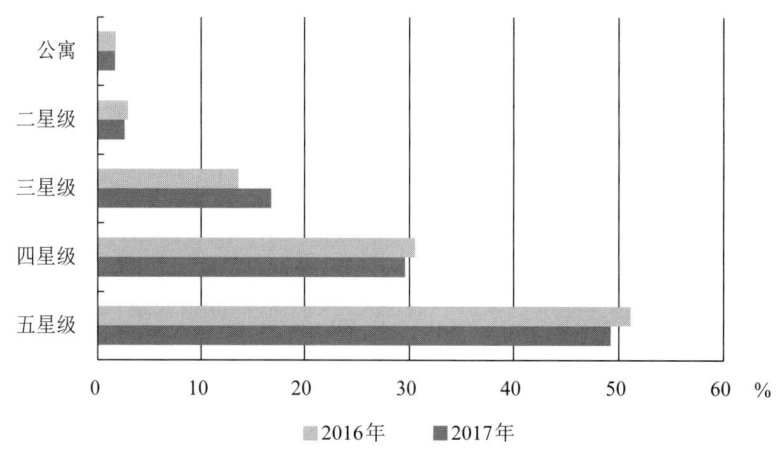

图 3-35　2016 年和 2017 年内地游客赴澳门旅游期间的住宿情况

资料来源：根据澳门政府旅游局官方网站整理。

（2）内地赴澳门游客入住三星级酒店的评价停留时间更长，但入住五星级酒店的平均停留时间缩短。

2017年内地赴澳门游客平均逗留时间为1.3天，与去年持平。入住公寓和五星级酒店的停留时间最长。

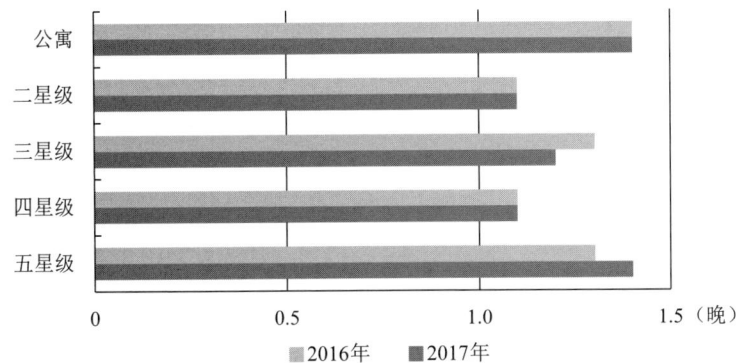

图3-36　2016年和2017年内地游客赴澳门旅游期间入住酒店平均停留时间

资料来源：根据澳门政府旅游局官方网站整理。

（3）2017年内地赴澳门游客人均消费2203澳门元，同比增长11.5%。其中，过夜游客人均消费3289澳门元，不过夜游客人均消费941澳门元。

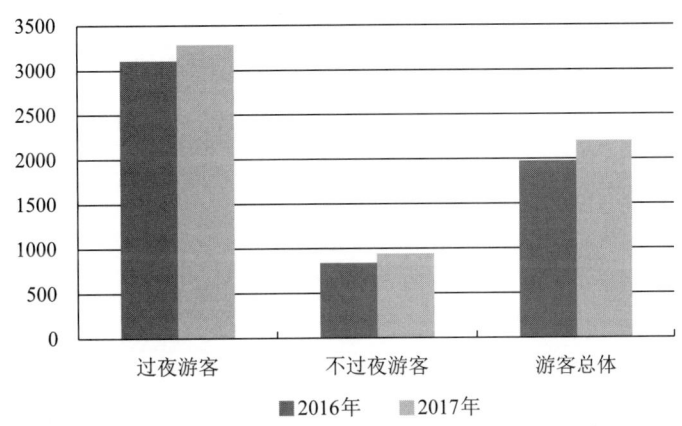

图3-37　2016年和2017年中国内地游客在澳门旅游人均消费情况

资料来源：根据澳门政府旅游局官方网站整理。

（4）手信/食品、化妆品/香水等是内地游客在澳门的主要购物项目。

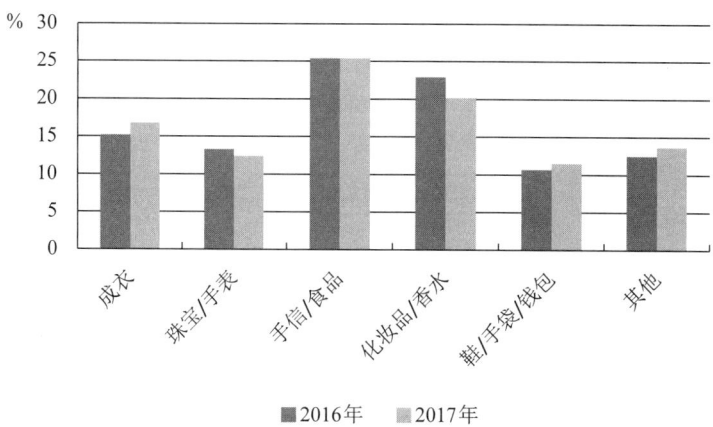

图 3-38 2016 年和 2017 年中国内地游客在澳门购物消费情况

资料来源：根据澳门政府旅游局官方网站整理。

（5）2017 年内地赴澳门游客的消费中，购物占比最高，超过 50%，但与 2016 年相比，这一比重有所下降。

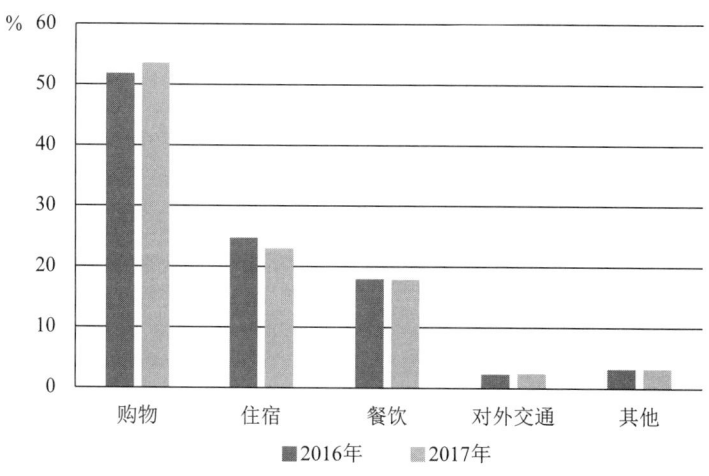

图 3-39 2016 年和 2017 年中国内地游客在澳门单项消费情况

资料来源：根据澳门政府旅游局官方网站整理。

三、中国台湾

（一）大陆游客统计信息

根据台湾交通部观光局的统计数据，2017年全年，大陆赴台游客的规模是273.25万。2017年中国大陆赴台旅游市场规模比去年有所下降，减少22.19%。近十年来，中国大陆赴台湾旅游人次不断增加，但2015年后有所下降。

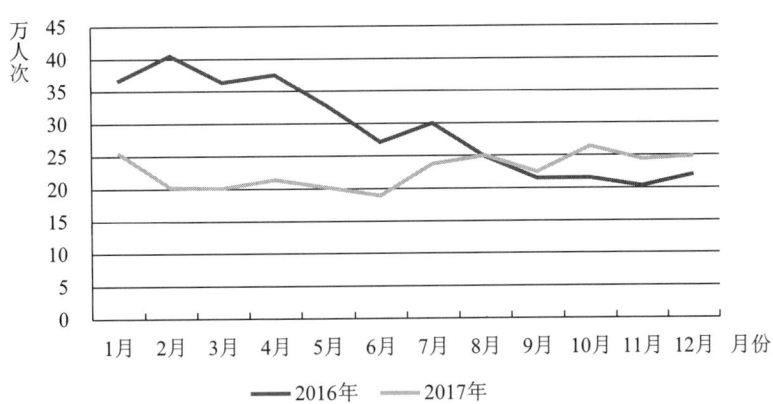

图3-40　2016年与2017年中国大陆赴台湾旅游人次

资料来源：根据台湾相关部门资料整理。

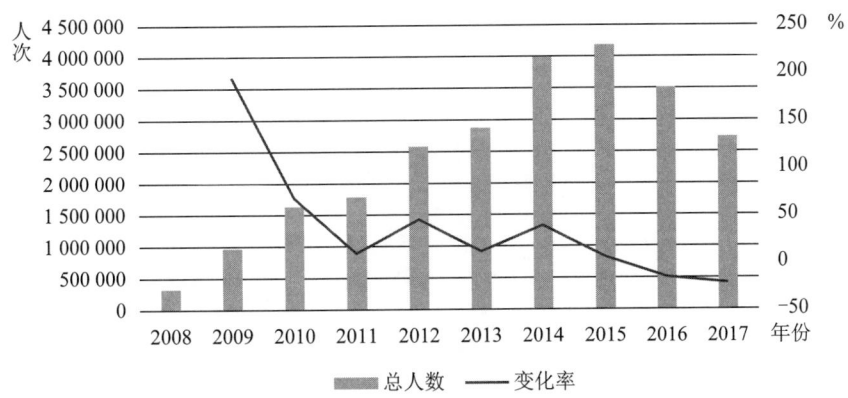

图3-41　2008—2017年中国内地赴台湾旅游人次及变化率

资料来源：根据台湾相关部门资料整理。

（二）大陆游客人口特征统计

2017年全年，大陆赴台湾旅游者中47.3%为男性，52.7%为女性。女性游客仍占大多数。

（三）大陆游客赴台消费特征

（1）观光依然是中国内地游客访台的主要目的。

相比2016年，以求学为旅游目的的大陆游客增加0.3个百分点。

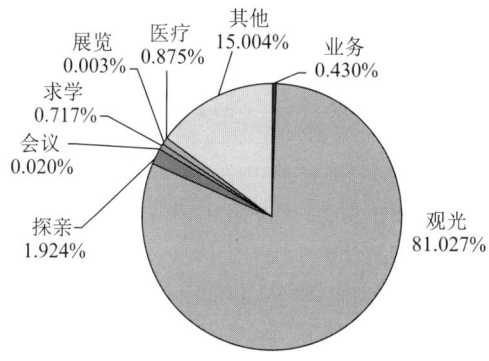

图3-42　2017年中国大陆赴台湾旅游目的分布

（2）消费水平略有下降。

2017年大陆游客在台平均每人每日消费198.43美元，较去年减少12.81%。相比其他客源市场，大陆游客在购物上的花费较高，平均每人每日花费96.3美元。

（3）购物消费所占比重最大。

购物、住宿、交通和餐饮为主要的其他消费项目。

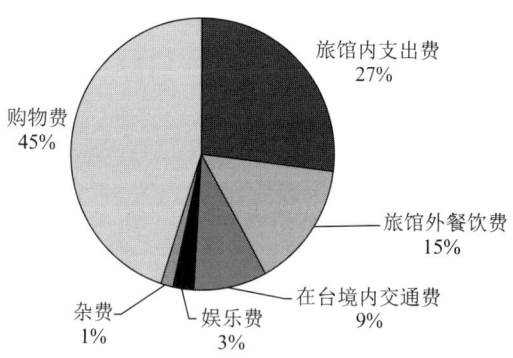

图3-43　2017年中国大陆赴台湾旅游消费结构

资料来源：根据台湾相关部门资料整理。

（4）珠宝、特产、化妆品等为大陆观光团队游客在台湾的主要购物项目。

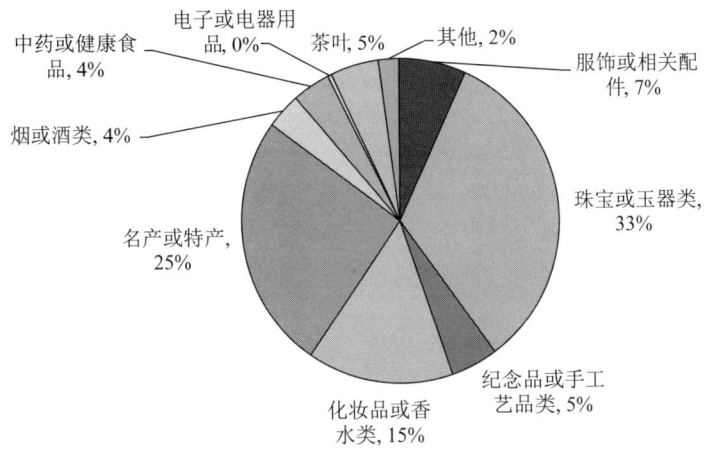

图 3-44　2017 年中国大陆团队游客在台湾单项购物消费情况

资料来源：根据台湾相关部门资料整理。

四、日本

（一）中国赴日游客增长

根据日本观光局的统计数据，2017 年，中国赴日本旅游人次达 735.6 万人次，同比增长 19.3%。从月度数据来看，每年的七八月份为出游旺季。近十年来，中国内地赴日本旅游人次不断增加，2013 年后增长幅度较大。

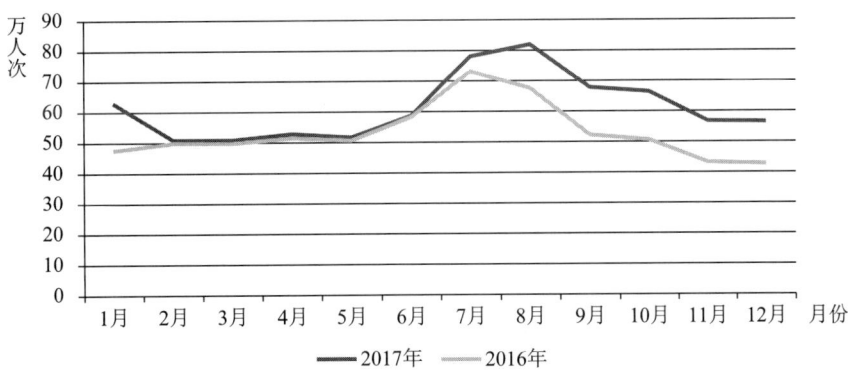

图 3-45　2016 年和 2017 年中国赴日本旅游人次及变化情况

资料来源：日本政府观光局。

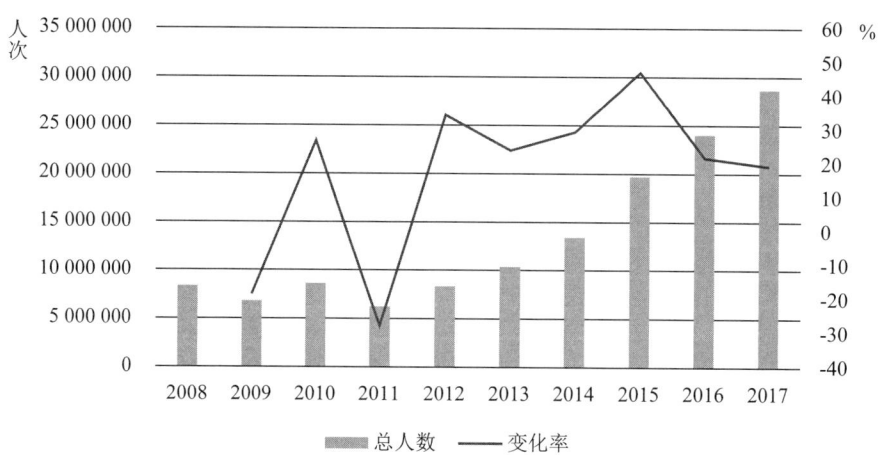

图 3-46 2008—2017 年中国内地赴日本旅游人次及变化率

资料来源：日本政府观光局。

（二）中国游客消费决策影响因素

根据 2017 年的统计调查数据，超过五成中国游客是首次赴日旅游。

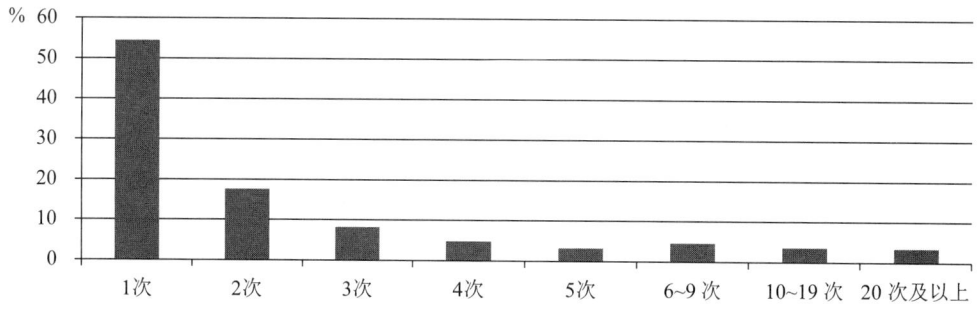

图 3-47 2017 年中国游客访日次数分布

资料来源：日本政府观光局。

（三）中国游客消费决策特征

（1）大多数游客选择与家人、朋友或者同事结伴旅行。

其中，超过 1/3 的游客选择与家人同行。

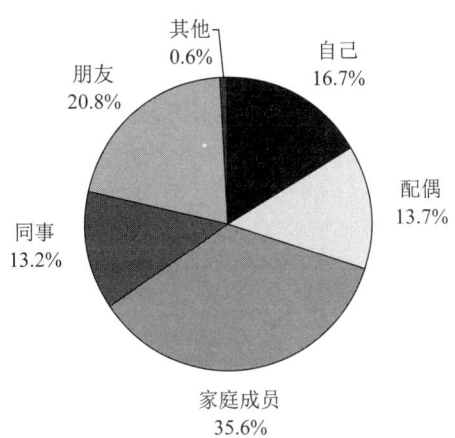

图 3-48　2017 年中国游客访日结伴方式分布

资料来源：日本政府观光局。

（2）散客化趋势明显。

2017 年，31.1% 的中国游客采用跟团方式，56.9% 选择个人自助游，剩余 12% 的游客购买自由行旅游产品。

（3）中国游客赴日消费更加多元化。

尽管购物依然是中国游客支出最大的消费项目，但消费内容更趋于多元化。

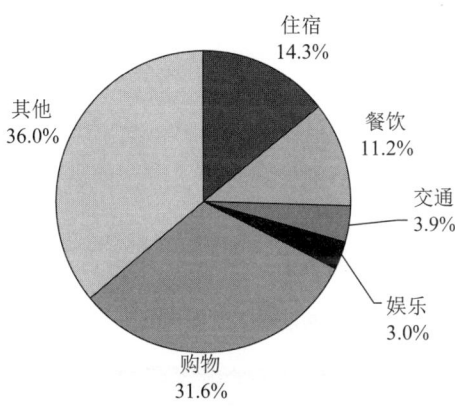

图 3-49　2017 年中国游客访日旅游消费分布

资料来源：日本政府观光局。

（4）超过 75% 的中国游客赴日旅游的目的为旅游/休闲。

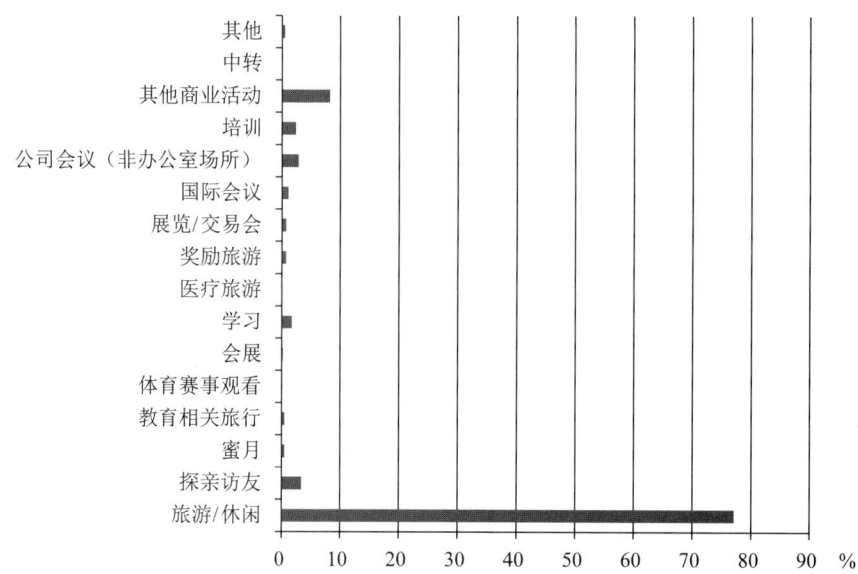

图 3-50　2017 年中国游客访日目的分布

资料来源：日本政府观光局。

（5）中国绝大多数访日游客在住宿时选择西式酒店。

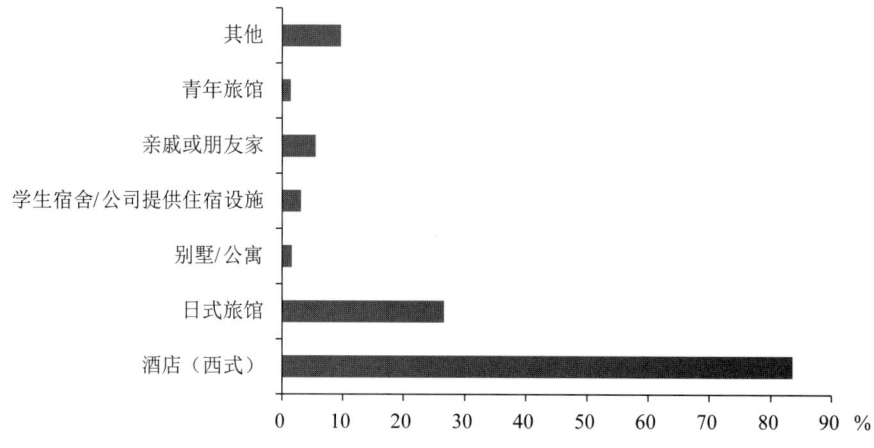

图 3-51　2017 年中国访日游客选择的住宿类型

资料来源：日本政府观光局。

（6）绝大多数中国赴日游客在日停留时间为 4~13 天。

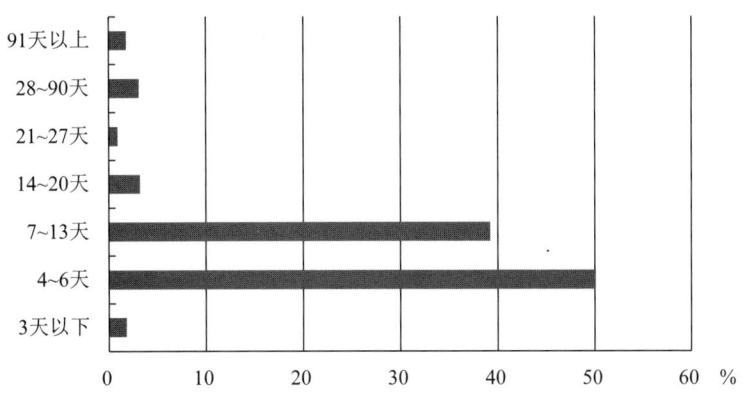

图 3-52　2017 年中国访日游客停留时间长度分布

资料来源：日本政府观光局。

（四）中国游客赴日满意度分析

（1）中国赴日游客的满意度高。

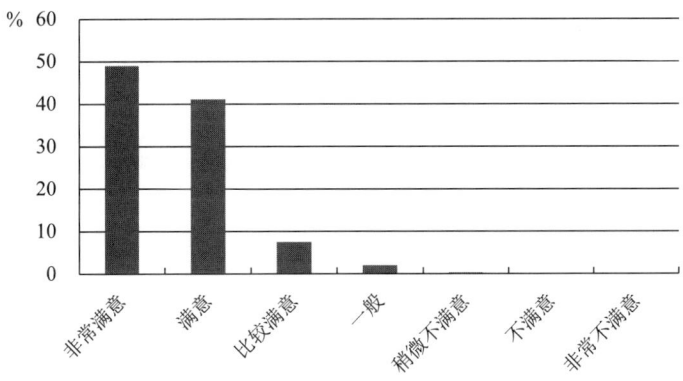

图 3-53　2017 年中国游客访日总体满意度分布

资料来源：日本政府观光局。

（2）赴日旅游意愿强。

近六成中国游客认为未来一定会再次到访日本。

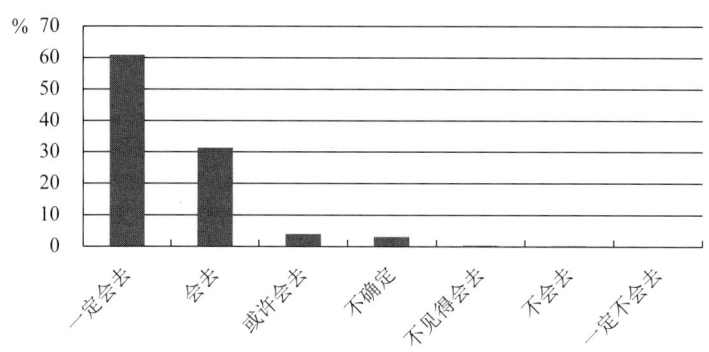

图 3-54　2017 年中国游客访日意愿分布

资料来源：日本政府观光局。

五、美国

（一）中国游客统计信息

根据美国商务部旅行及旅游业办公室的统计数据，2017 年中国赴美旅游人数为 224 万人次，同比增长 6.76%。从月度数据来看，每年的七八月为出游旺季。近十年来，中国赴美旅游规模持续扩大，但增长率逐渐降低。

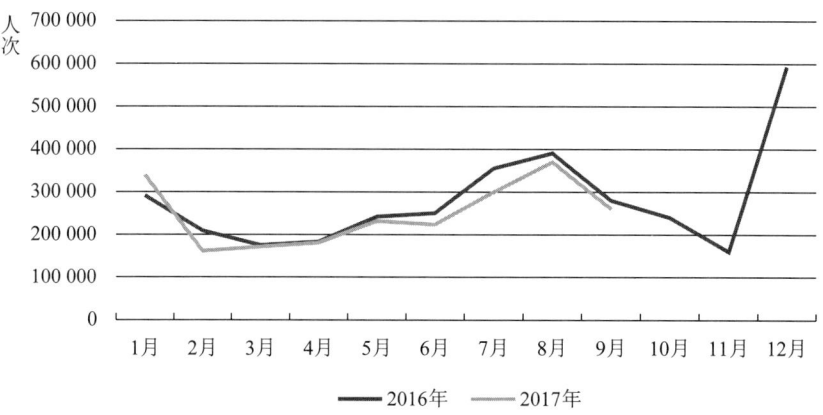

图 3-55　2016 年和 2017 年 1—9 月中国（不包括香港）赴美游客人数情况

资料来源：美国商务部旅行及旅游业办公室。

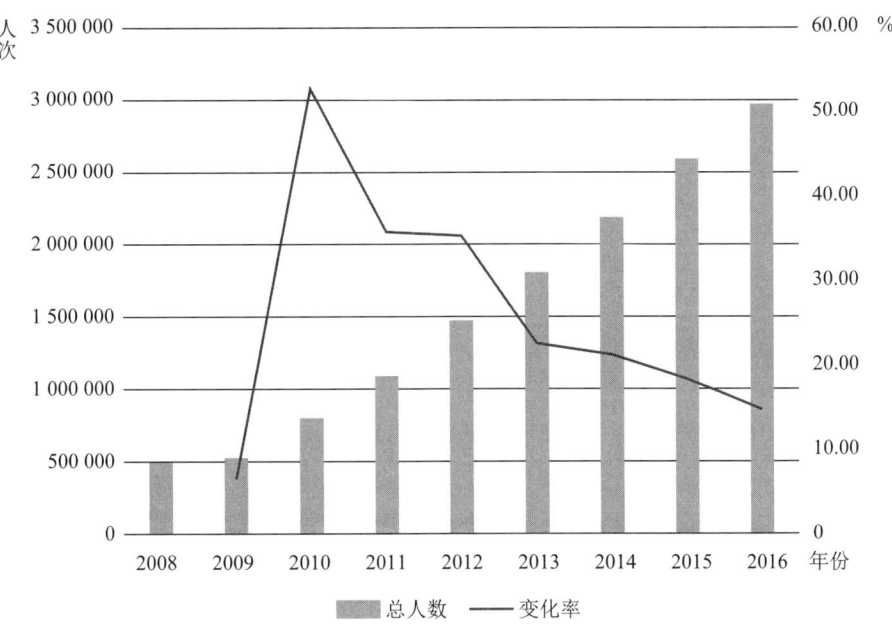

图 3-56　2008—2016 年中国内地赴美国旅游人次及变化率

资料来源：美国商务部旅行及旅游业办公室。

（二）中国游客人文统计特征

1. 性别

2016 年，中国赴美旅游的游客中，男性占比 55%，女性游客占比 45%。

2. 年龄

中国赴美男性和女性游客的平均年龄均为 35 岁。中青年群体为赴美游客的主体。

（三）中国游客消费决策影响因素

1. 休闲度假是中国赴美游客的主要目的

相较 2015 年，度假与会议游客比例有所下降，教育、探亲访友游客比例小幅上升。

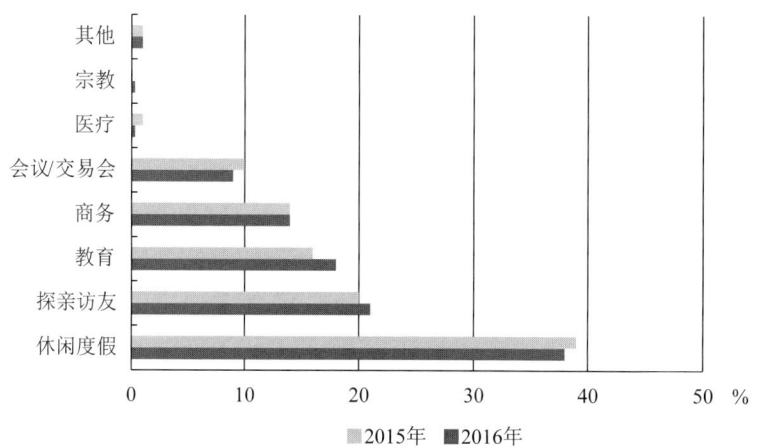

图 3-57 2015 年与 2016 年中国游客赴美国出行目的

资料来源：美国商务部旅行及旅游业办公室。

2. 首次赴美游客仍占多数

从 2016 年调查统计数据来看，第一次访美游客的比例为 43%，超过半数的中国游客是两次或两次以上访美。

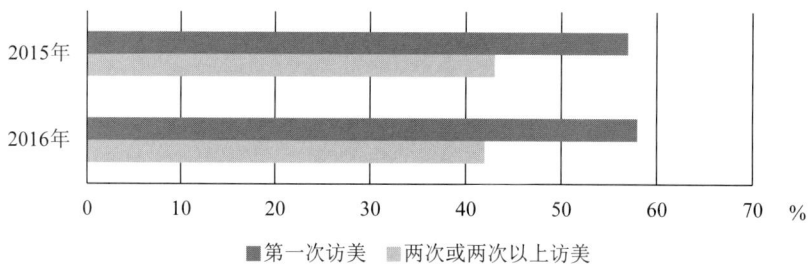

图 3-58 2015 年和 2016 年中国游客访美次数

（四）中国游客消费决策特征

（1）购物与城市观光依然为中国游客赴美旅游的主要旅游项目。中国在游客美旅游活动更加丰富，更多游客到主题公园、国家公园、博物馆、历史遗迹、文化遗产等景点参观。

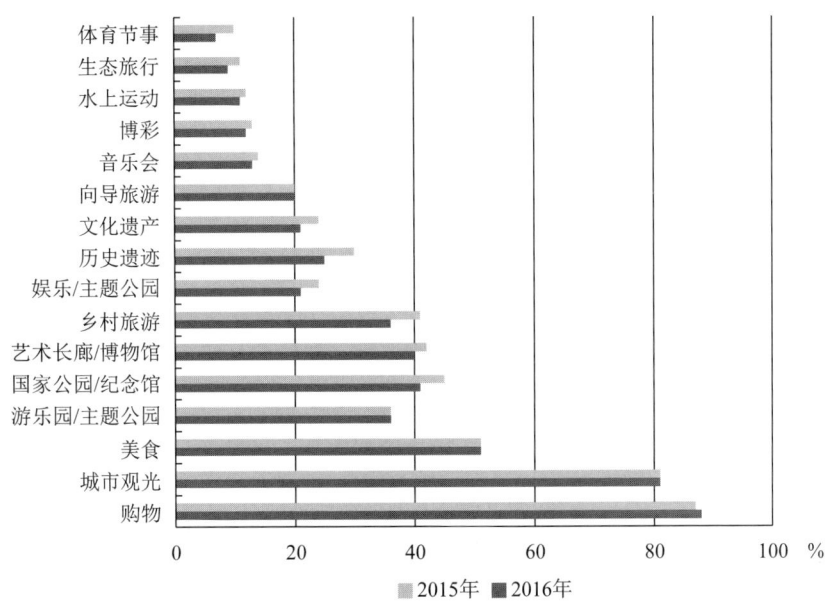

图 3-59　2015 年与 2016 年中国游客在美旅游活动情况

资料来源：美国商务部旅行及旅游业办公室。

（2）通过航空公司、个人推荐和旅游运营商来获得旅游信息的游客占比增加。

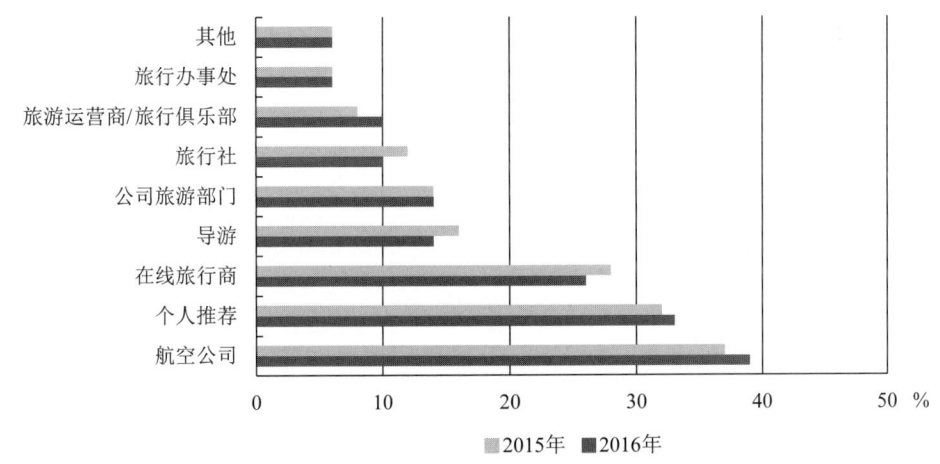

图 3-60　2015 年与 2016 年中国大陆游客赴美国信息来源分布

资料来源：美国商务部旅行及旅游业办公室。

（3）美国境内航空和公有/私有汽车是赴美旅游在美国最主要的交通方式。

除乘坐城际巴士的游客比例有所增加外，采用其他交通方式的游客比例都有小幅下降。

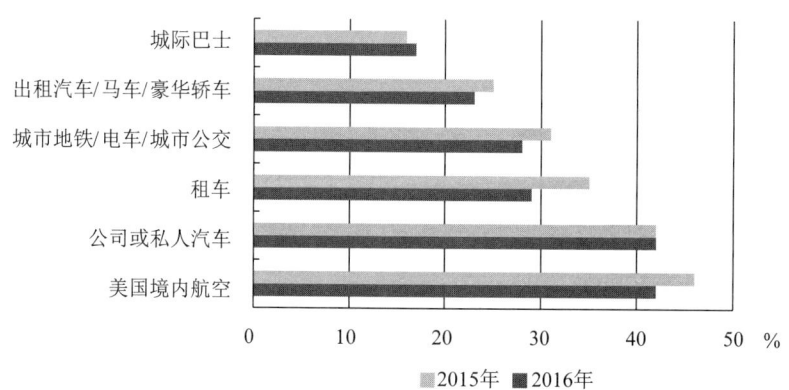

图 3-61　2015 年与 2016 年中国游客赴美旅游在美国境内交通使用情况

资料来源：美国商务部旅行及旅游业办公室。

六、南非

（一）中国游客（包括中国香港）统计信息

受南非国内局势不稳定等因素影响，近几年中国赴南非旅游出现较大波动，但总体人数呈增长趋势。2017 年，中国赴南非旅游总人次为 9.95 万，同比减少 17%。从月度数据来看，春节与 11 月是出游高峰。

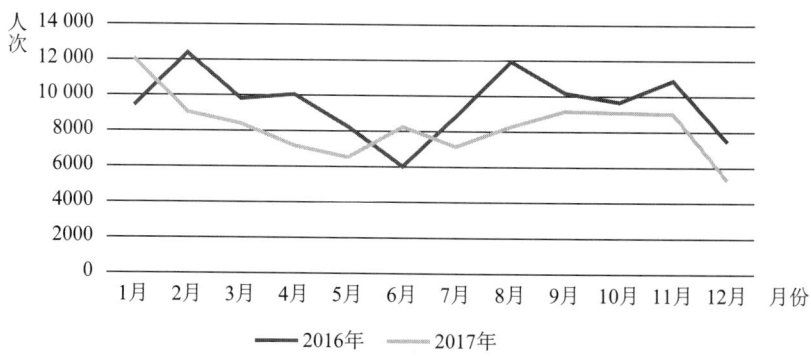

图 3-62　2016 年和 2017 年中国游客赴南非人数分布情况

资料来源：南非国家旅游局。

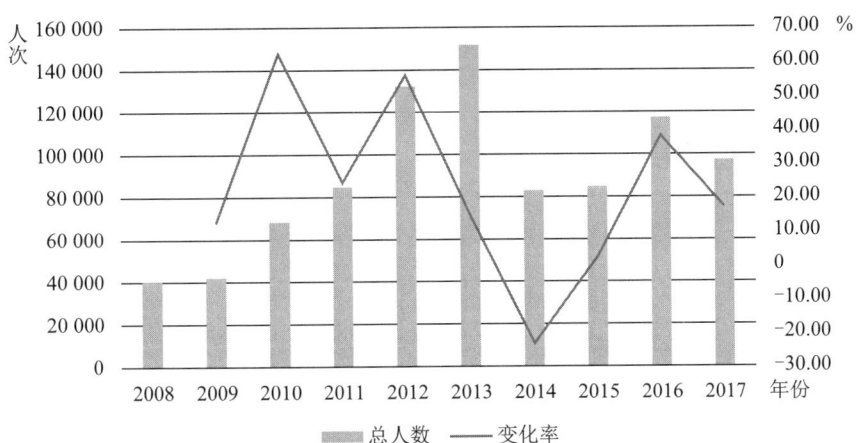

图 3-63　2008—2017 年中国内地赴南非旅游人次及变化率

资料来源：南非国家旅游局。

（二）中国游客人文统计特征

中国赴南非旅游的游客以中青年为主，主要年龄分布在 25~44 岁。

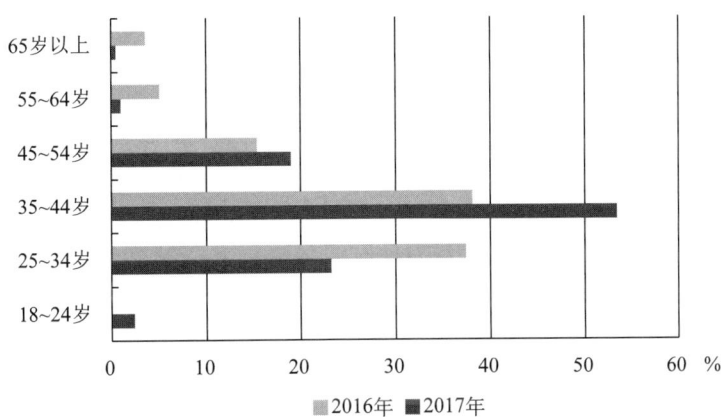

图 3-64　2016 年和 2017 年中国赴南非旅游者年龄分布

资料来源：南非国家旅游局。

（三）中国游客消费决策因素

（1）休闲是赴南非旅游中国游客的主要目的。

2017 年休闲游客同比上升，商务游客同比下降。

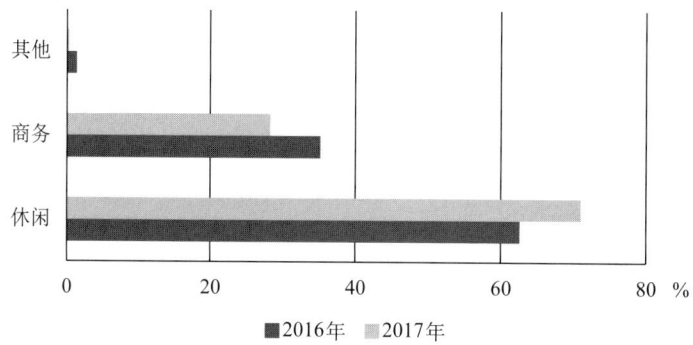

图 3-65 2016 年和 2017 年中国赴南非旅游目的的分布情况

资料来源：南非国家旅游局。

（2）近半成中国游客是首次赴南非旅游。

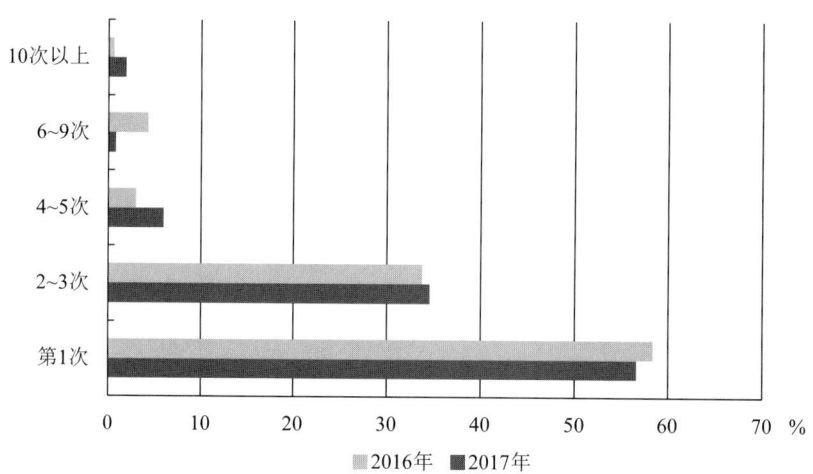

图 3-66 2016 年和 2017 年中国赴南非游客访问次数分布情况

资料来源：南非国家旅游局。

（四）中国游客消费特征

（1）中国游客赴南非参与的主要活动为购物、夜生活、社会活动等。

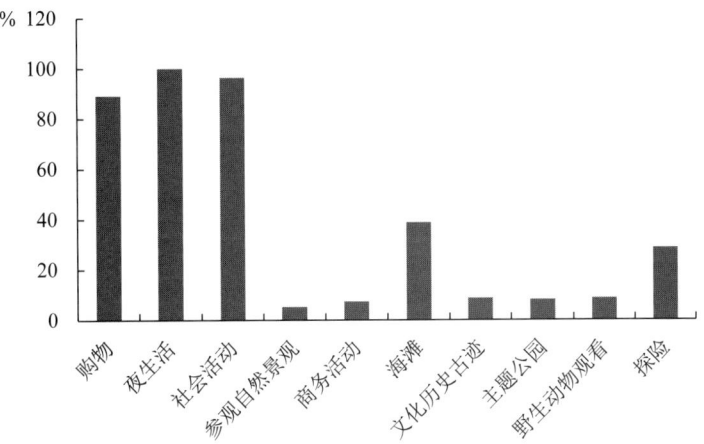

图 3-67 2017年中国游客在南非旅游活动安排情况

资料来源：南非国家旅游局。

（2）停留时间缩短。

2017年，中国游客在南非平均停留时间为7.2晚，相比2016年（7.0晚）停留时间稍有缩短。

（3）豪登省和西开普省依然是中国游客赴南非的首要目的地。

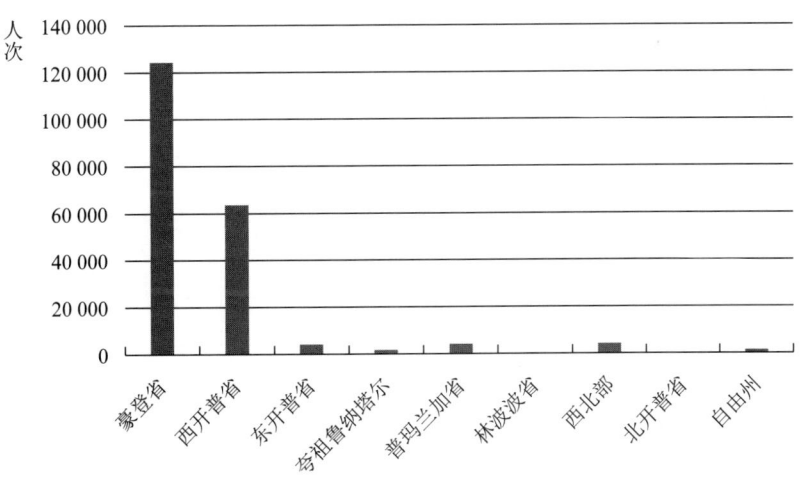

图 3-68 2017年中国游客在南非各省的分布情况

资料来源：南非国家旅游局。

七、澳大利亚

(一)中国游客(不包括中国香港)统计信息

根据澳大利亚国家统计局的统计数据,2017年中国赴澳大利亚旅游人次达137.9万人次,同比增长15.3%。从月度数据来看,每年的春节与七八月为出游旺季。近十年来,中国内地赴澳大利亚旅游人次逐年上升,且增长幅度较大。

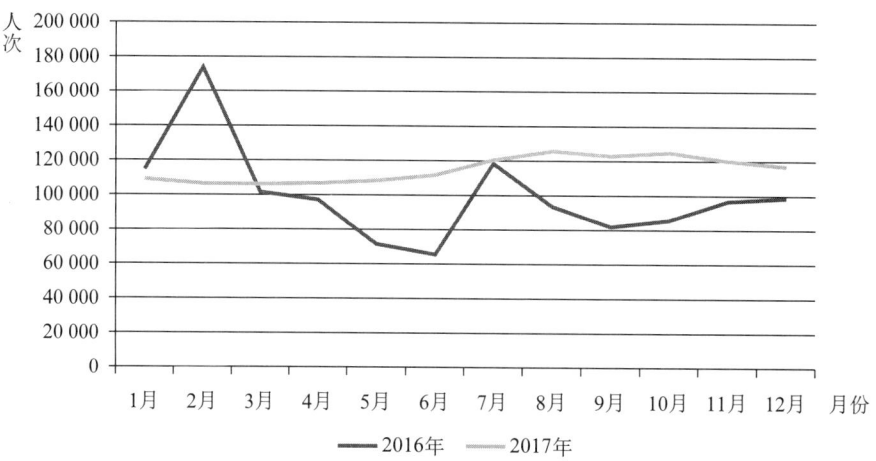

图3-69　2016年和2017年中国赴澳大利亚旅游人次及变化情况

资料来源:澳大利亚国家统计局。

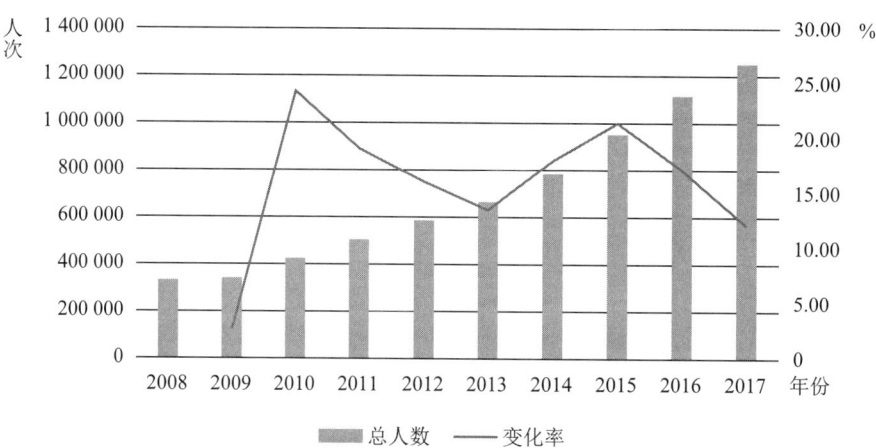

图3-70　2008—2017年中国内地赴澳大利亚旅游人次及变化率

资料来源:澳大利亚国家统计局。

（二）中国游客消费决策影响因素

（1）度假是中国赴澳大利亚旅游的主要目的，其次是探亲访友和教育。

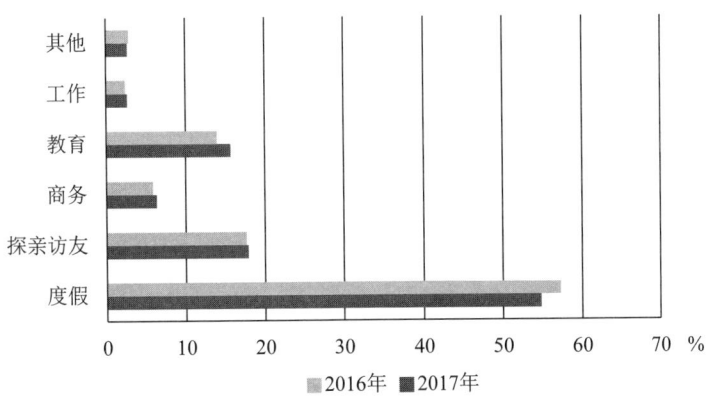

图 3-71 2017 年中国赴澳大利亚旅游的目的分布

资料来源：澳大利亚国家旅游局。

（2）超过半数的中国游客首次赴澳大利亚旅游。

根据抽样调查，2017 年第一次赴澳大利亚旅游的中国游客占 52.03%，47.96% 的游客为重游者。

（三）中国大陆游客消费结构特征

1. 中国游客在澳大利亚停留时间较长

2017 年，中国游客在澳大利亚的平均停留时间为 42 晚，比 2016 年略高。

2. 中国持续为澳大利亚最大的旅游消费市场

2017 年，中国大陆游客在澳大利亚的总消费为 104.39 亿澳元，同比增长 13.8%。中国继续作为澳大利亚最大的入境消费市场，相关游客消费占澳大利亚入境收入的 25.27%。

3. 中国游客用于餐饮、教育和购物的费用最高

其中，2017 年中国游客用于购物和参加团队旅游的费用同比有所下降。

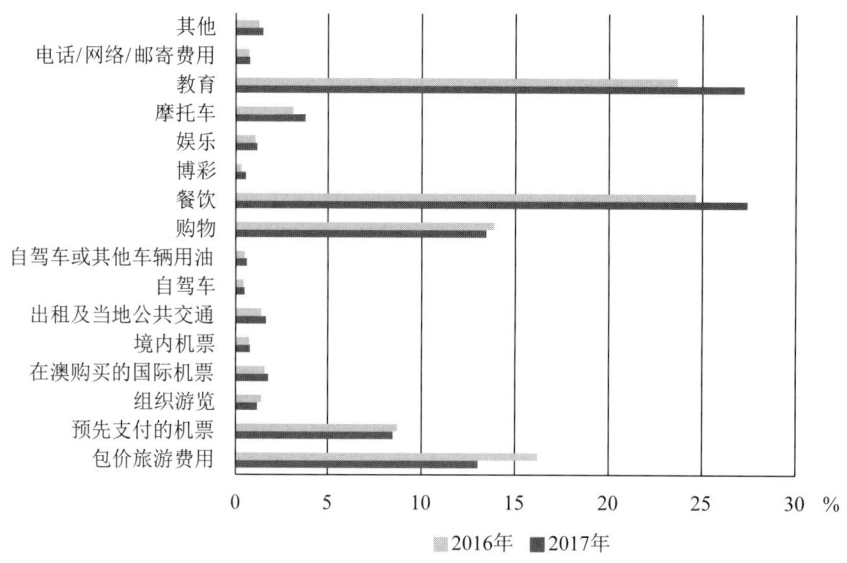

图3-72 2017年中国大陆赴澳大利亚消费分布

资料来源：澳大利亚国家旅游局。

第四章

目的地满意状况

第一节　总体状况

2017年，中国公民出国旅游对目的地总体满意度为7.87，相较于2016年7.78略有上升。总体上属于"基本满意"。出国游客无论是游客对旅游服务质量的满意度评价还是对目的地国家或地区的总体满意度都达到7.6分以上。对旅游服务质量的满意度略低于目的地总体满意度为7.73，与2016年中国出国游客对旅游服务质量的满意度（7.72）相当。

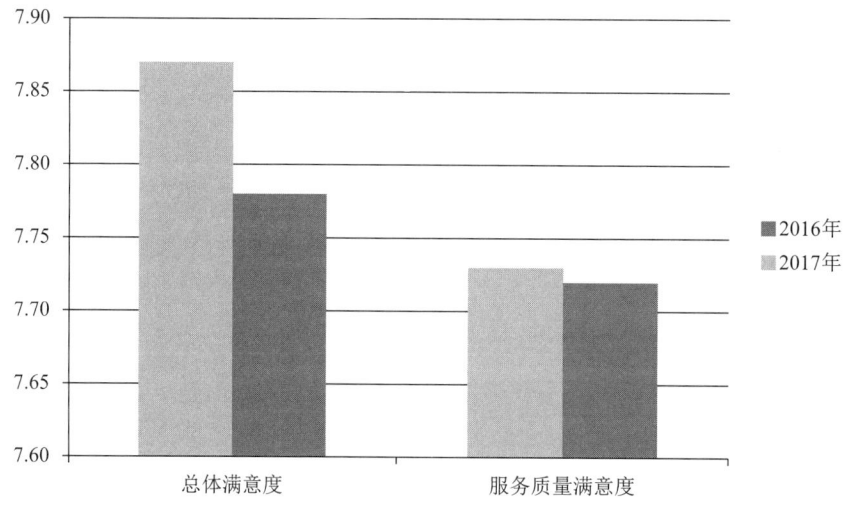

图4-1　2016年和2017年中国公民出国旅游满意度

2017年全年有抱怨情绪的游客比例约为6.0%，相比2016年的8.9%有明显下降；有投诉情绪的游客比例仅为1.0%，与2016年的1.15%相比略有下降。但中国出境游客投诉处理满意程度较低，平均值为6.9，得分最低的三个国家是马来西亚、泰国和印度，分别为5.0分、4.4分和4.0分，均未超过5分。投诉处理满意度最高的两个国家是俄罗斯（10分）和加拿大（9.0分）。

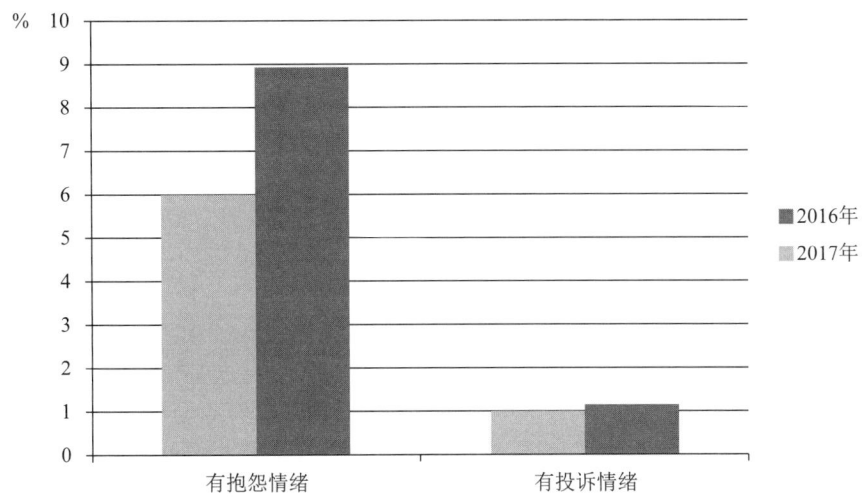

图 4-2 2016 年和 2017 年中国公民出国投诉和抱怨情绪占比

第二节 目的地满意度状况

2017 年 24 个样本国家和地区目的地满意度综合评分全部达到 75 分以上的"基本满意"水平，样本国家游客综合满意度从高到低的依次是：新加坡 79.41、新西兰 79.20、美国 78.83、德国 78.57、加拿大 78.52、法国 78.51、意大利 78.42、澳大利亚 78.37、英国 78.31、日本 78.21、西班牙 78.11、泰国 77.79、马来西亚 77.25、韩国 76.98、巴西 76.97、俄罗斯 76.83、印度尼西亚 76.64、阿根廷 76.62、蒙古 76.60、越南 76.21、南非 76.09、柬埔寨 75.66、印度 75.33、菲律宾 75.12。

2017 年各个样本国家的游客满意度指数整体上有所提高，其中新加坡、新西兰、美国、德国等国家的游客满意度稳定在前列，南非、柬埔寨、印度和菲律宾等国家的游客满意度指数上升幅度较大。

一、基本满意水平

（一）新加坡

1. 游客总体满意度得分及排名

全年到访新加坡的中国公民游客总体满意度为79.41，在24个抽样国家中排名第1。

2. 问卷调查分析

问卷总体满意度平均得分为8.04，比总体平均分7.89高0.15；得分最高的三项是自驾车、出租车和火车站，得分分别为8.48、8.38和8.37；得分最低的三项是外方旅导游、旅游质量是否与旅游价格相符和旅游价格是否合理，得分分别为7.87、7.74和7.63。

3. 网络评论分析

2017年新加坡评论调查的游客满意度指数为83.78，较境外游总体满意度平均值80.55高3.23。各单项满意度皆高于80，其中，目的地形象和当地居民态度得分最高，分别为89.46、87.49；满意度最低的是旅行社，为80.23。

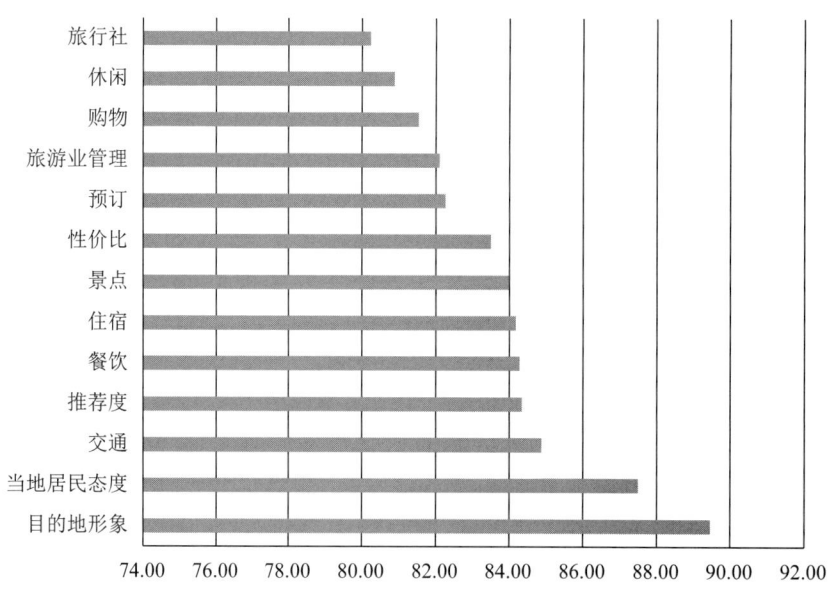

图4-3 新加坡各项目得分

（二）新西兰

1. 游客总体满意度得分及排名

全年到访新西兰的中国公民游客总体满意度为79.20，在24个抽样国家中排名第2。

2. 问卷调查分析

问卷总体满意度平均得分为7.98分，比总体平均分7.89分高0.09分；得分最高的三项是自驾车、机场和火车站，得分分别为8.30、8.25和8.24；得分最低的三项是旅游质量是否与旅游价格相符、中文标识、信息和服务及旅游价格是否合理，得分分别为7.77、7.76和7.60。

3. 网络评论分析

2017年新加坡评论调查的游客满意度指数为83.42，较境外游总体满意度平均值80.55高2.87。各单项满意度皆高于77分，其中，目的地形象和当地居民态度得分最高，分别为90.20、88.24分；满意度最低的是休闲，为77.43分。

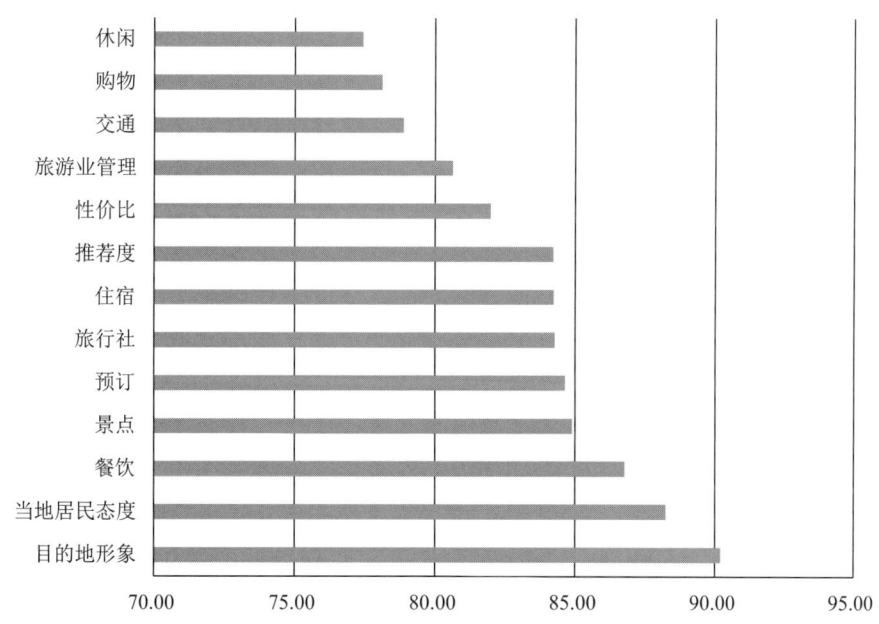

图4-4 新西兰各项目得分

（三）美国

1. 游客总体满意度得分及排名

全年到访美国的中国公民游客总体满意度为78.83，在24个抽样国家中排名第3。

2. 问卷调查分析

问卷总体满意度平均得分为8.14，比总体平均分7.89高0.25；得分最高的三项是知名度、信息化程度和自驾车，得分分别为8.59、8.49和8.43；得分最低的三项是安全感（安全及急救信息）、旅游质量是否与旅游价格相符和旅游价格是否合理，得分分别为7.57、7.70和7.58。

3. 网络评论分

2017年美国评论调查的游客满意度指数为82.10，较境外游总体满意度平均值80.55低1.55。各单项满意度大都高于76，只有预订和旅行社有两项低于70；其中，目的地形象和当地居民态度得分最高，分别为88.20、87.17；满意度最低的是旅游业管理，为76.56。

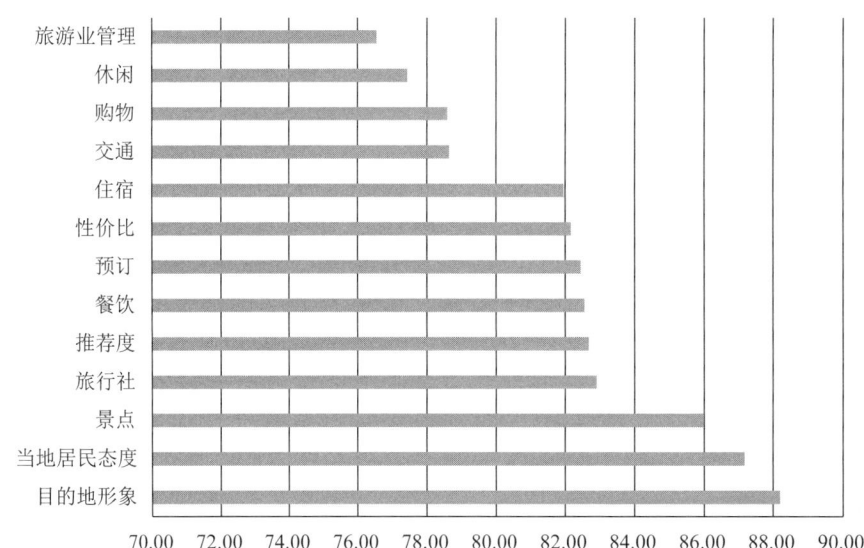

图4-5 美国各项目得分

（四）德国

1. 游客总体满意度得分及排名

全年到访德国的中国公民游客总体满意度为78.57，在24个抽样国家中排名第4。

2. 问卷调查分析

问卷总体满意度平均得分为8.12，比总体平均分7.89高0.23；得分最高的三项是机场、火车站和自驾车，得分分别为8.43、8.41和8.39；得分最低的三项是中文标识、信息和服务，旅游质量是否与旅游价格相符和旅游价格是否合理，得分分别为7.83、7.69和7.59。

3. 网络评论分析

2017年德国评论调查的游客满意度指数为79.56，较境外游总体满意度平均值80.55低0.99。各单项满意度皆高于70，其中，当地居民态度和景点得分最高，分别为88.17、84.93；满意度最低的是休闲，为72.34。

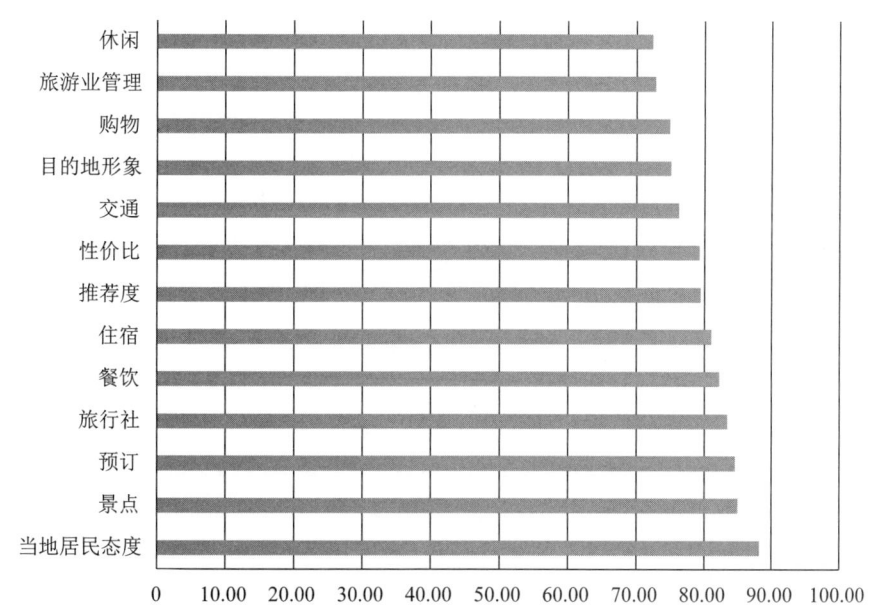

图4-6　德国各项目得分

（五）加拿大

1. 游客总体满意度得分及排名

全年到访加拿大的中国公民游客总体满意度为 78.52，在 24 个抽样国家中排名第 5。

2. 问卷调查分析

问卷总体满意度平均得分为 8.03，比总体平均分 7.89 高 0.14；得分最高的三项是空气质量、知名度和美丽程度，得分分别为 8.33、8.30 和 8.30；得分最低的三项是中文标识、信息和服务，旅游质量是否与旅游价格相符和旅游价格是否合理，得分分别为 7.82、7.64 和 7.53。

3. 网络评论分析

2017 年加拿大评论调查的游客满意度指数为 80.91，较境外游总体满意度平均值 80.55 高 0.36。各单项满意度皆高于 75，其中，当地居民态度和景点得分最高，分别为 89.10、85.72；满意度最低的是旅游业管理，为 73.54。

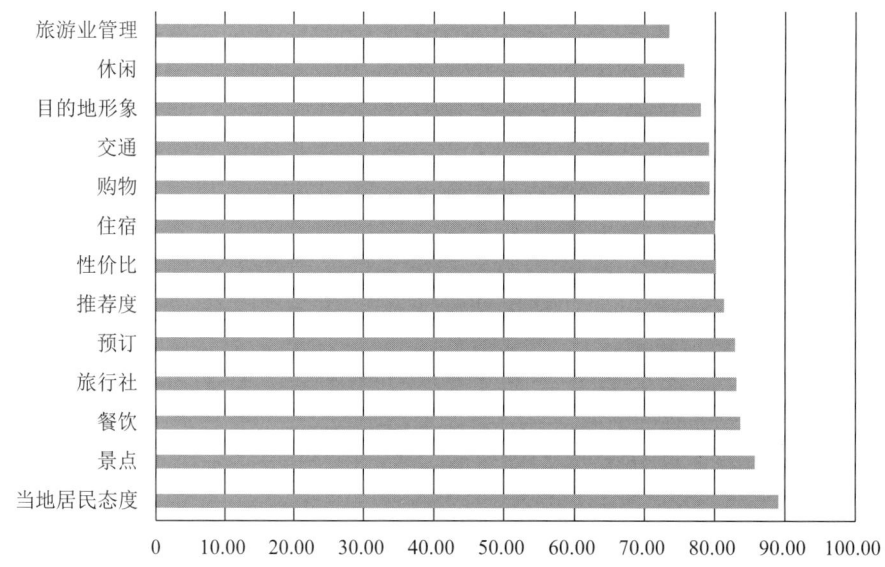

图 4-7　加拿大各项目得分

(六)法国

1. 游客总体满意度得分及排名

全年到访法国的中国公民游客总体满意度为78.51,在24个抽样国家中排名第6。

2. 问卷调查分析

问卷总体满意度平均得分为8.13,比总体平均分7.89高0.24;得分最高的三项是自驾车、知名度和美丽程度,得分分别为8.56、8.45和8.43;得分最低的三项是中文标识、信息和服务,旅游质量是否与旅游价格相符和旅游价格是否合理,得分分别为7.82、7.72和7.63。

3. 网络评论分析

2017年法国评论调查的游客满意度指数为78.53,较境外游总体满意度平均值80.55低2.02。各单项满意度皆高于70,其中,当地居民态度和景点得分最高,分别为88.51、86.10;满意度最低的是旅游业管理,为70.88。

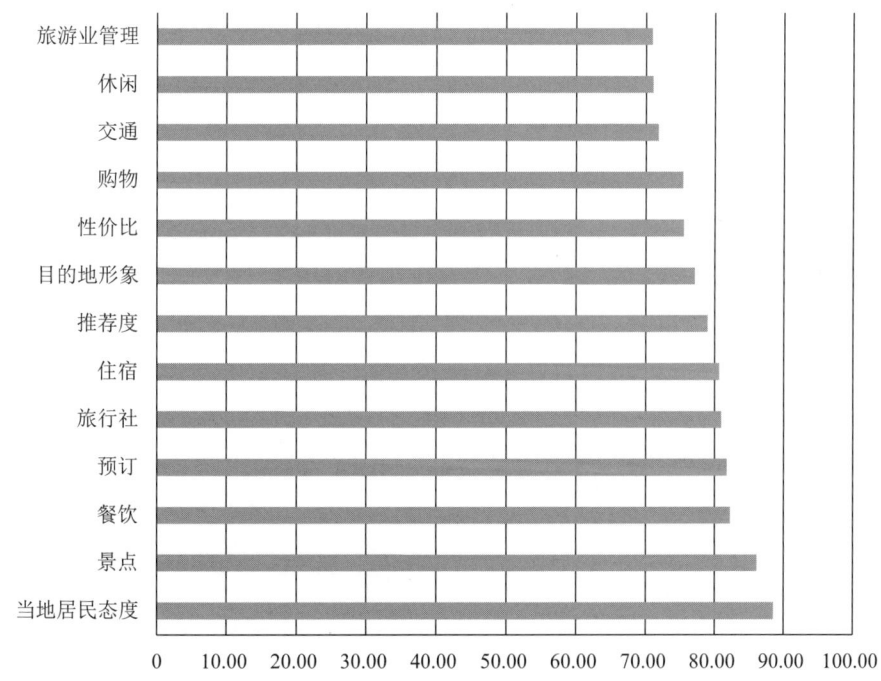

图4-8 法国各项目得分

(七)意大利

1. 游客总体满意度得分及排名

全年到访意大利的中国公民游客总体满意度为78.42,在24个抽样国家中排名第7。

2. 问卷调查分析

问卷总体满意度平均得分为8.01,比总体平均分7.89高0.12;得分最高的三项是自驾车、自行车道和银行刷卡便利性,得分分别为8.31、8.30和8.27;得分最低的三项是旅游质量是否与旅游价格相符、中文标识、信息和服务及旅游价格是否合理,得分分别为7.74和7.69和7.62。

3. 网络评论分析

2017年意大利评论调查的游客满意度指数为80.08,较境外游总体满意度平均值80.55低0.47。各单项满意度皆高于70,其中,当地居民态度和景点得分最高,分别为87.68、86.43;满意度最低的是旅游业管理,为71.43。

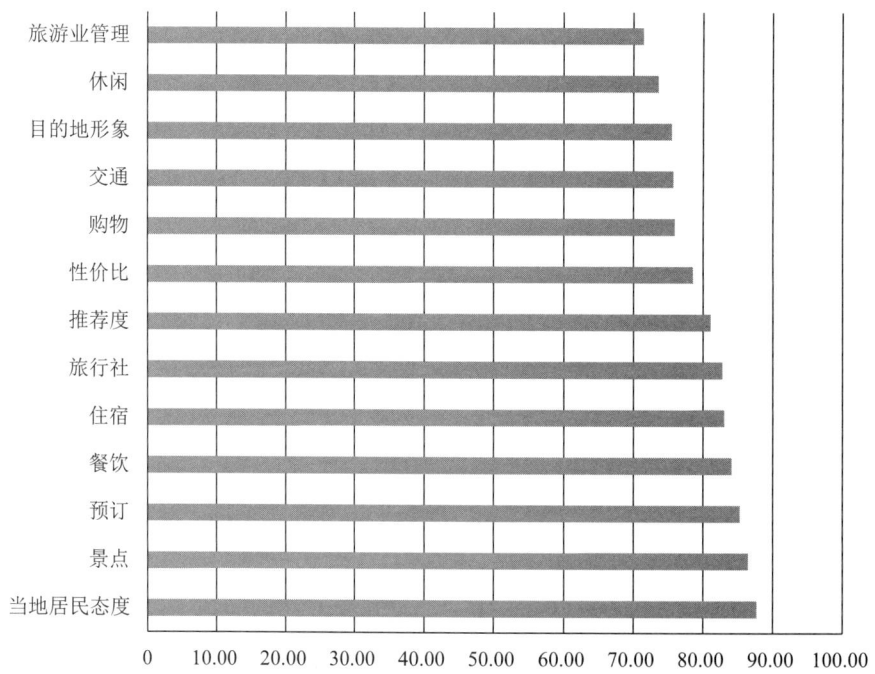

图4-9 意大利各项目得分

(八)澳大利亚

1. 游客总体满意度得分及排名

全年到访澳大利亚的中国公民游客总体满意度为78.37,在24个抽样国家中排名第8。

2. 问卷调查分析

问卷总体满意度平均得分为8.04,比总体平均分7.89高0.15;得分最高的三项是自驾车、服务水平和空气质量,得分分别为8.36、8.33和8.28;得分最低的三项是中文标识、信息和服务,旅游质量是否与旅游价格相符和旅游价格是否合理,得分分别为7.75、7.69和7.69。

3. 网络评论分析

2017年澳大利亚评论调查的游客满意度指数为82.85,较境外游总体满意度平均值80.55高2.30。各单项满意度皆高于77,其中,当地居民态度和旅行社得分最高,分别为87.73、86.95;满意度最低的是旅游业管理,为77.22。

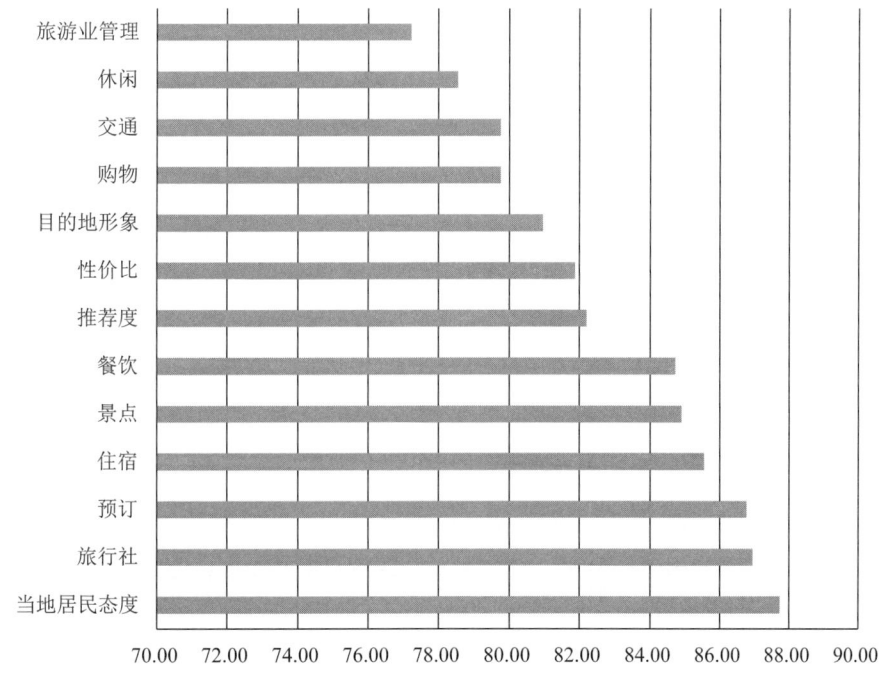

图4-10 澳大利亚各项目得分

(九)英国

1. 游客总体满意度得分及排名

全年到访英国的中国公民游客总体满意度为78.31,在24个抽样国家中排名第9。

2. 问卷调查分析

问卷总体满意度平均得分为8.05分,比总体平均分7.89高0.16;得分最高的三项是自驾车、知名度和美丽程度,得分分别为8.38、8.28和8.25;得分最低的三项是中文标识、信息和服务,旅游质量是否与旅游价格相符和旅游价格是否合理,得分分别为7.79、7.69和7.56。

3. 网络评论分析

2017年英国评论调查的游客满意度指数为80.38,较境外游总体满意度平均值80.55低0.17。各单项满意度皆高于70,其中,当地居民态度和预订得分最高,分别为87.87、87.11分;满意度最低的是旅游业管理,为71.25。

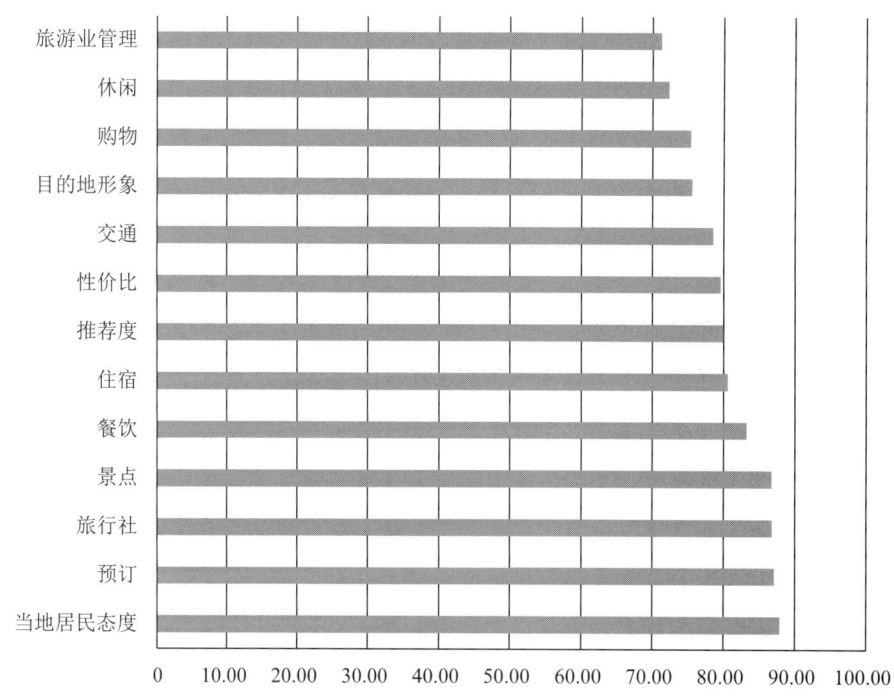

图4-11 英国各项目得分

第四章　目的地满意状况
Chapter 4　Destination Satisfaction

（十）日本

1. 游客总体满意度得分及排名

全年到访日本的中国公民游客总体满意度为 78.21，在 24 个抽样国家中排名第 10。

2. 问卷调查分析

问卷总体满意度平均得分为 7.93，比总体平均分 7.89 高 0.04；得分最高的三项是自驾车、知名度和美丽程度，得分分别为 8.52、8.36 和 8.33；得分最低的三项是中文标识、信息和服务，旅游质量是否与旅游价格相符和旅游价格是否合理，得分分别为 7.80、7.74 和 7.63。

3. 网络评论分析

2017 年日本评论调查的游客满意度指数为 82.31，较境外游总体满意度平均值高 1.76。各单项满意度皆高于 74，其中，当地居民态度和住宿得分最高，分别为 89.46、88.32；满意度最低的是旅游业管理，为 74.66。

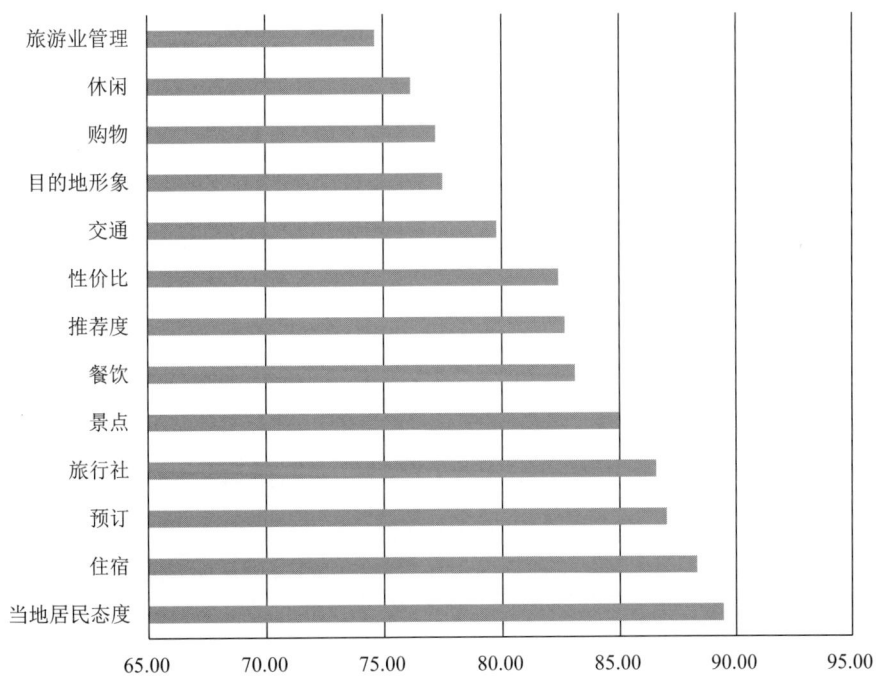

图 4-12　日本各项目得分

（十一）西班牙

1. 游客总体满意度得分及排名

全年到访西班牙的中国公民游客总体满意度为78.11，在24个抽样国家中排名第11。

2. 问卷调查分析

问卷总体满意度平均得分为7.99，比总体平均分7.89低0.10；得分最高的三项是自驾车、火车站和银行刷卡便利性，得分分别为8.50、8.41和8.26；得分最低的三项是旅游质量是否与旅游价格相符、中文标识、信息和服务及旅游价格是否合理，得分分别为7.72、7.63和7.61。

3. 网络评论分析

2017年西班牙评论调查的游客满意度指数为80.04，较境外游总体满意度平均值80.55低0.51。各单项满意度皆高于70，其中，当地居民态度和景点得分最高，分别为86.19、84.84；满意度最低的是休闲，为71.44。

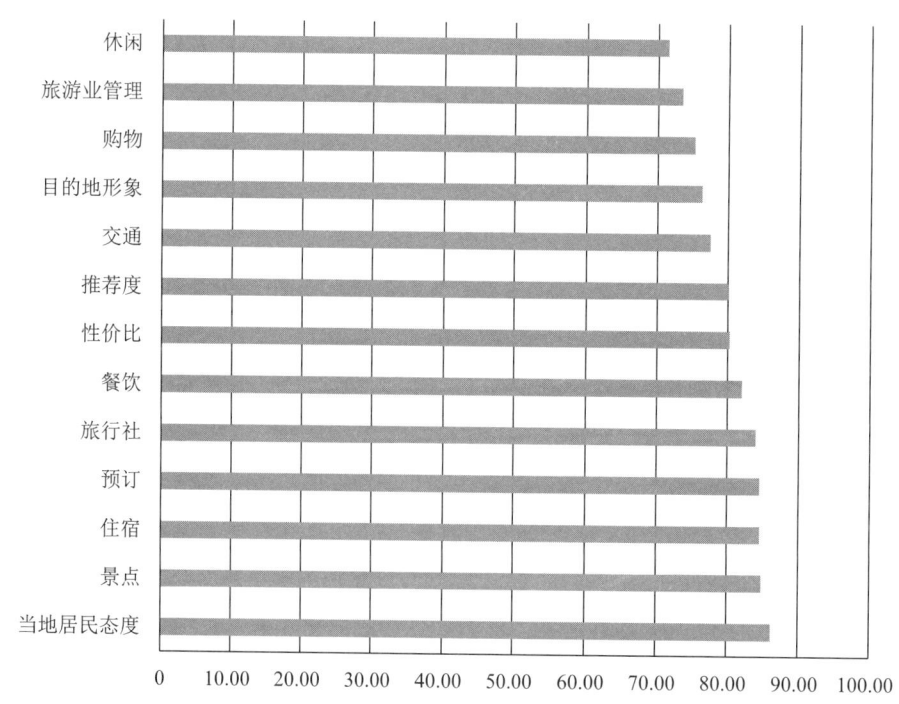

图4-13 西班牙各项目得分

（十二）泰国

1. 游客总体满意度得分及排名

全年到访泰国的中国公民游客总体满意度为77.79，在24个抽样国家中排名第12。

2. 问卷调查分析

问卷总体满意度平均得分为7.94，比总体平均分7.89低0.05；得分最高的三项是景区景点、自驾车和园林绿化，得分分别为8.22、8.17和8.16；得分最低的三项是旅游质量是否与旅游价格相符、旅游价格是否合理和安全感，得分分别为7.81、7.73和7.70。

3. 网络评论分析

2017年泰国评论调查的游客满意度指数为80.56，较境外游总体满意度平均值80.55高0.01。各单项满意度大都高于76。其中，当地居民态度和住宿得分最高，分别为88.30、84.05；满意度最低的是休闲，为75.46。

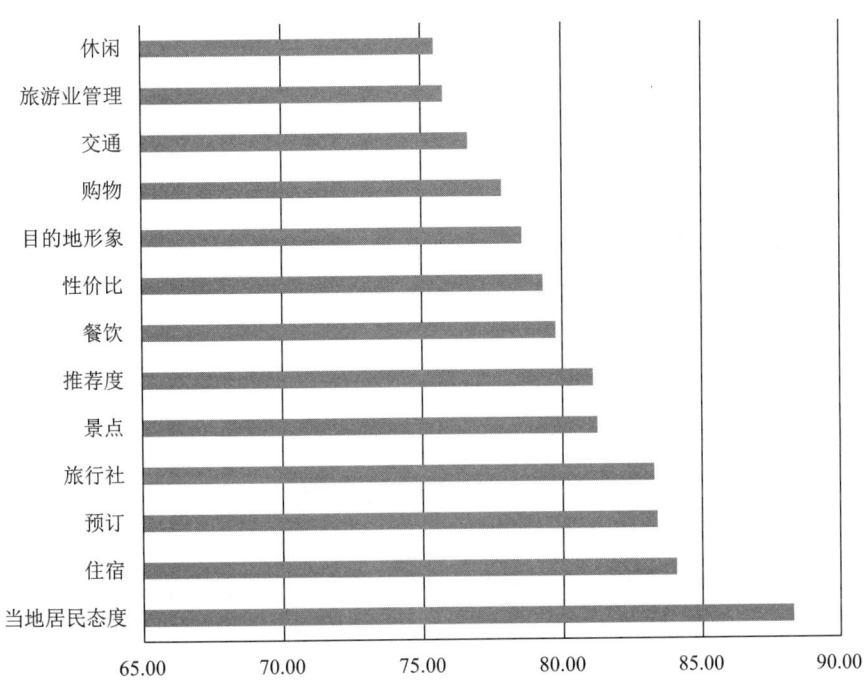

图4-14 泰国各项目得分

(十三)马来西亚

1. 游客总体满意度得分及排名

全年到访马来西亚的中国公民游客总体满意度为77.25，在24个抽样国家中排名第13。

2. 问卷调查分析

问卷总体满意度平均得分为7.85，比总体平均分7.89低0.04；得分最高的三项是自驾车、美丽程度和自然生态，得分分别为8.21、8.18和8.14；得分最低的三项是旅游质量是否与旅游价格相符，中文标识、信息和服务及旅游价格是否合理，得分分别为7.59、7.57和7.53。

3. 网络评论分析

2017年马来西亚评论调查的游客满意度指数为80.89，较境外游总体满意度平均值80.55高0.34。各单项满意度皆高于74，其中，当地居民态度和住宿得分最高，分别为88.89、84.40；满意度最低的是旅游业管理，为74.00。

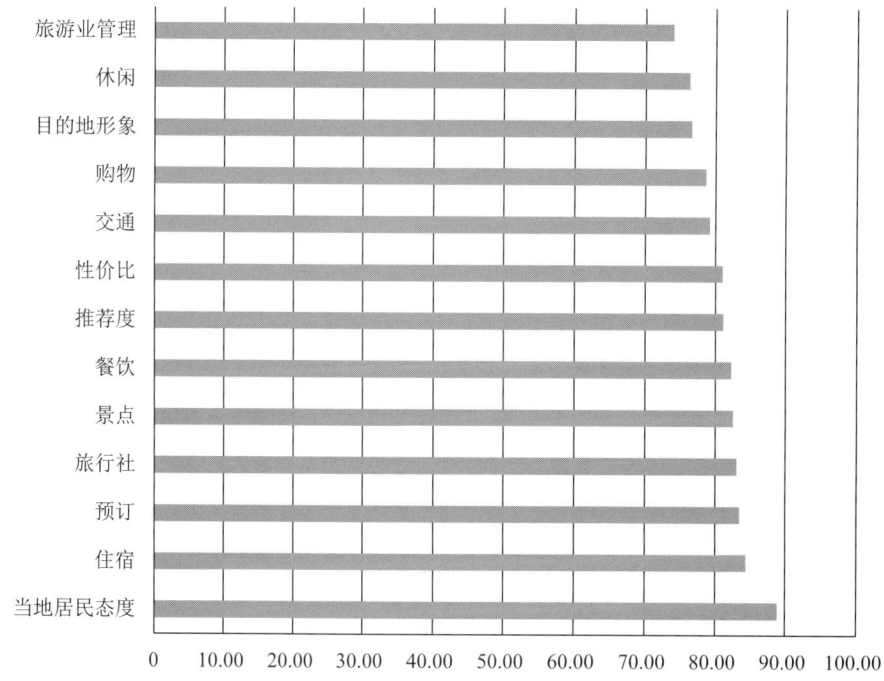

图4-15 马来西亚各项目得分

（十四）韩国

1. 游客总体满意度得分及排名

全年到访韩国的中国公民游客总体满意度为76.98，在24个抽样国家中排名第14。

2. 问卷调查分析

问卷总体满意度平均得分为7.78，比总体平均分7.89低0.11；得分最高的三项是自驾车、火车站和供电，得分分别为8.26、8.22和8.17；得分最低的三项是安全感、旅游质量是否与旅游价格相符和旅游价格是否合理，得分分别为7.78、7.54和7.53。

3. 网络评论分析

2017年韩国评论调查的游客满意度指数为82.11，较境外游总体满意度平均值80.55高1.56。各单项满意度皆高于75，其中，当地居民态度和住宿得分最高，分别为89.69、86.58；满意度最低的是预订，为70.6。

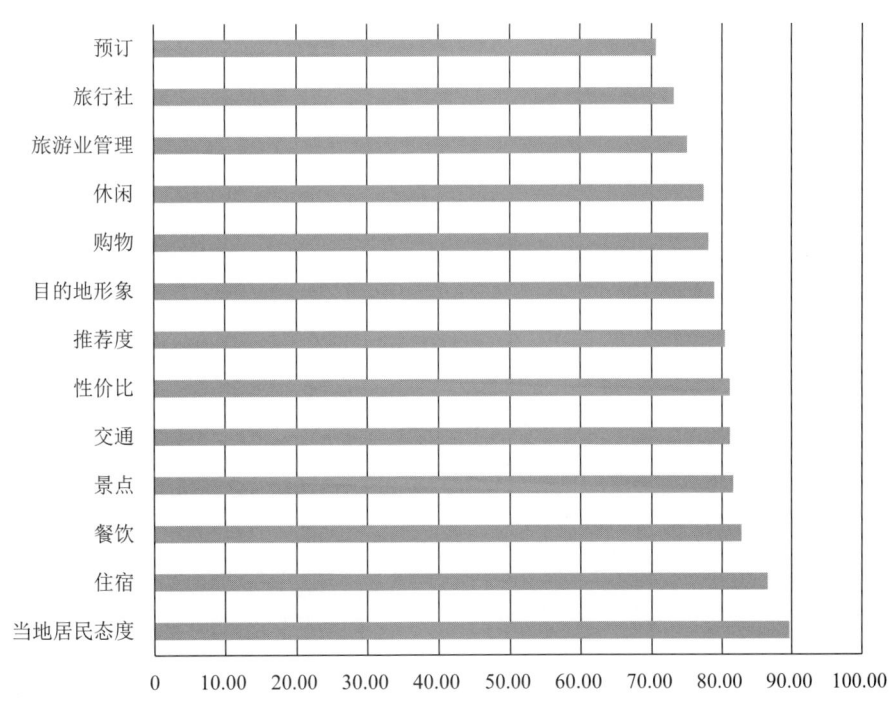

图4-16 韩国各项目得分

（十五）巴西

1. 游客总体满意度得分及排名

全年到访巴西的中国公民游客总体满意度为76.97，在24个抽样国家中排名第15。

2. 问卷调查分析

问卷总体满意度平均得分为7.90，比总体平均分7.89低0.01；得分最高的三项是自驾车、火车站和服务水平，得分分别为8.30、8.28和8.19；得分最低的三项是旅游质量是否与旅游价格相符，中文标识、信息和服务及旅游价格是否合理，得分分别为7.64、7.58和7.55。

3. 网络评论分析

2017年巴西评论调查的游客满意度指数为76.99，较境外游总体满意度平均值80.55低3.56。各单项满意度皆高于65，其中，当地居民态度和景点得分最高，分别为89.07、85.59；满意度最低的是交通，为65.07。

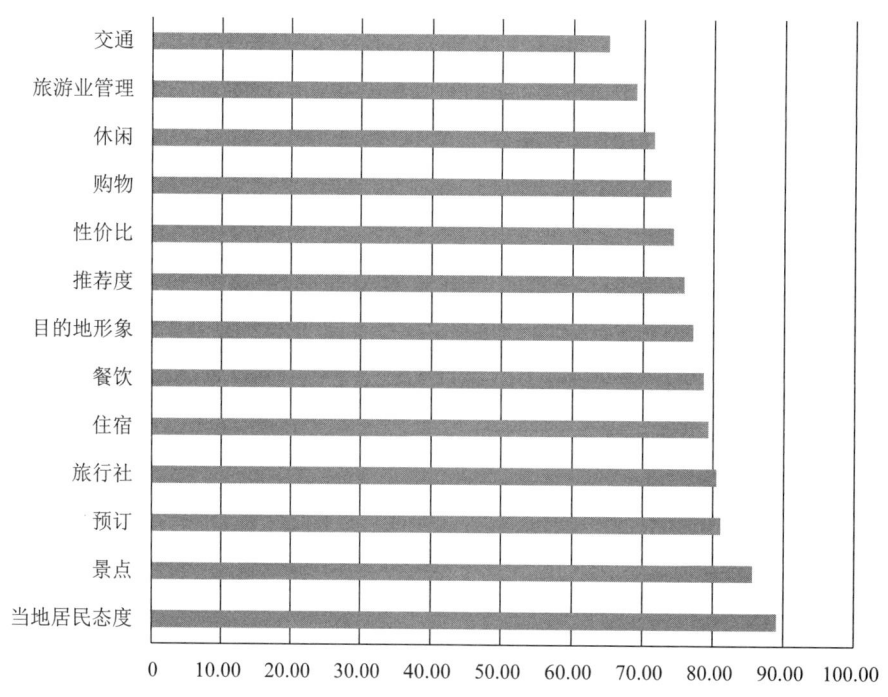

图4-17　巴西各项目得分

第四章 目的地满意状况
Chapter 4 Destination Satisfaction

（十六）俄罗斯

1. 游客总体满意度得分及排名

全年到访俄罗斯的中国公民游客总体满意度为76.83，在24个抽样国家中排名第16。

2. 问卷调查分析

问卷总体满意度平均得分为7.86，比总体平均分7.89低0.03；得分最高的三项是自驾车、美丽程度和知名度，得分分别为8.34、8.17和8.12；得分最低的三项是旅游质量是否与旅游价格相符、旅游价格是否合理及中文标识、信息和服务，得分分别为7.70、7.61和7.53。

3. 网络评论分析

2017年俄罗斯评论调查的游客满意度指数为79.95，较境外游总体满意度平均值80.55低0.60。各单项满意度皆高于68，其中，当地居民态度和预订得分最高，分别为87.35、85.98；满意度最低的是旅游业管理，为68.58。

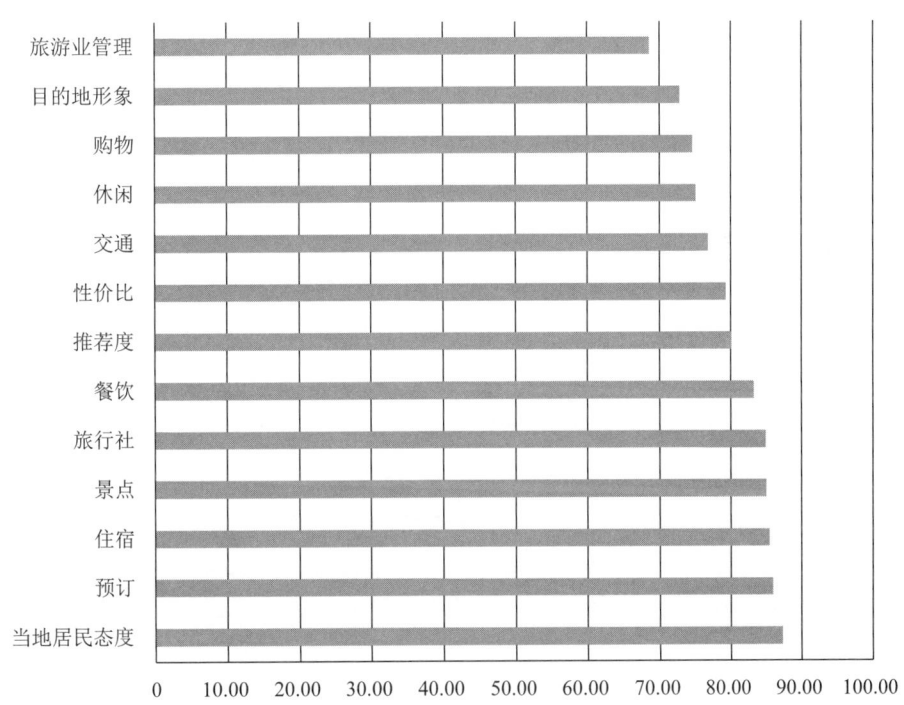

图4-18 俄罗斯各项目得分

（十七）印度尼西亚

1. 游客总体满意度得分及排名

全年到访印度尼西亚的中国公民游客总体满意度为76.64，在24个抽样国家中排名第17。

2. 问卷调查分析

问卷总体满意度平均得分为7.67，比总体平均分7.89低0.22；得分最高的三项是自驾车、火车站和空气质量，得分分别为8.08、8.02和7.98；得分最低的三项是中文标识、信息和服务，安全感和旅游价格是否合理，得分分别为7.54、7.54和7.51。

3. 网络评论分析

2017年印度尼西亚评论调查的游客满意度指数为81.38，较境外游总体满意度平均值80.55高0.83。各单项满意度皆高于70，其中，当地居民态度和住宿得分最高，分别为89.41、87.01；满意度最低的是旅游业管理，为71.97。

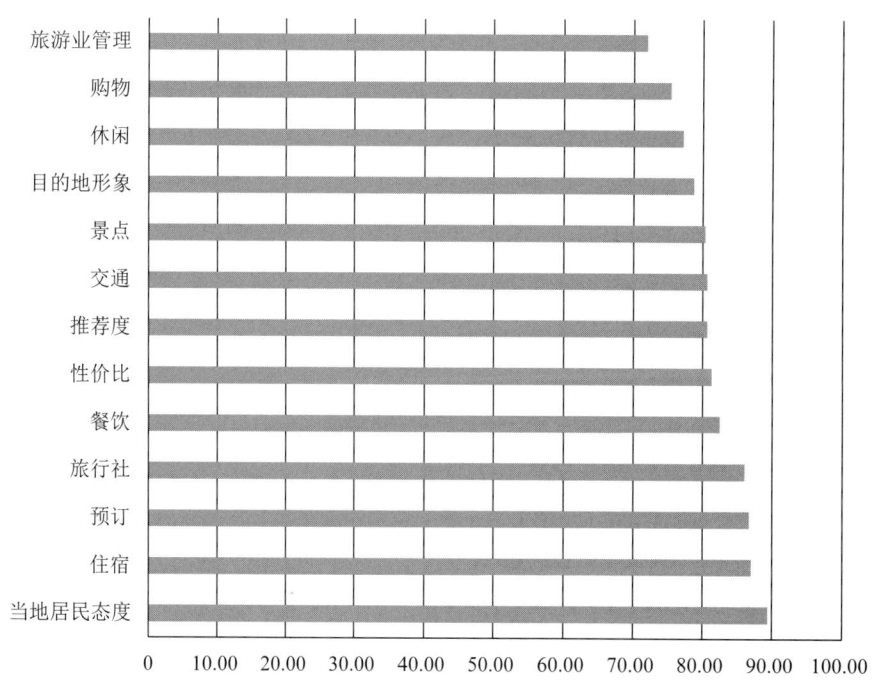

图4-19 印度尼西亚各项目得分

（十八）阿根廷

1. 游客总体满意度得分及排名

全年到访阿根廷的中国公民游客总体满意度为76.62，在24个抽样国家中排名第18。

2. 问卷调查分析

问卷总体满意度平均得分为7.96，比总体平均分7.89低0.07；得分最高的三项是自驾车、机场和火车站，得分分别为8.32、8.28和8.28；得分最低的三项是中文标识、信息和服务，旅游质量是否与旅游价格相符和旅游价格是否合理，得分分别为7.69、7.69和7.48。

3. 网络评论分析

2017年阿根廷评论调查的游客满意度指数为75.59，较境外游总体满意度平均值80.55低4.96。各单项满意度皆高于70，其中，目的地形象和当地居民态度得分最高，分别为89.55、88.21；满意度最低的是旅游业管理，为67.91。

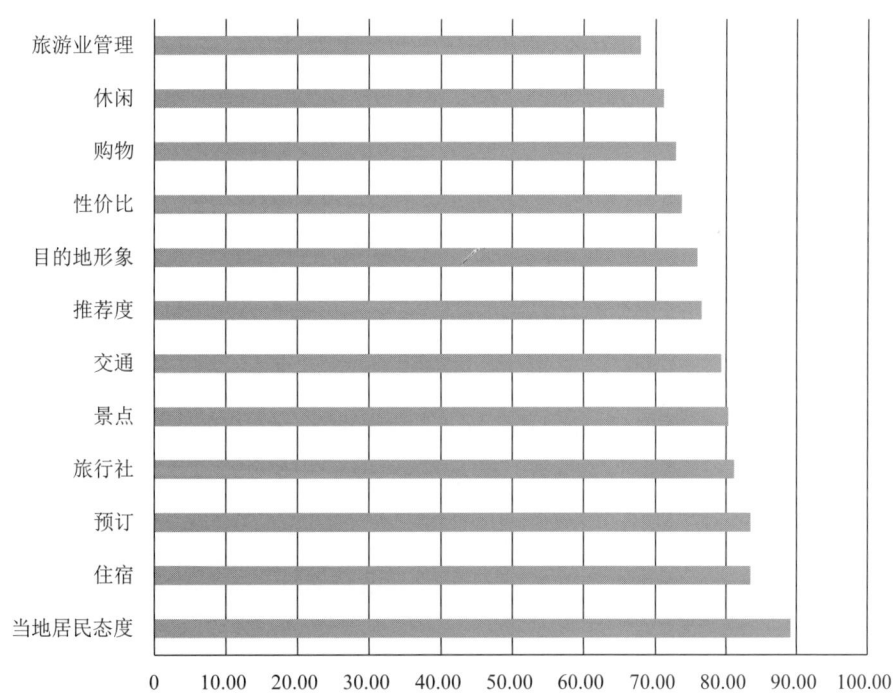

图4-20 阿根廷各项目得分

（十九）蒙古

1. 游客总体满意度得分及排名

全年到访蒙古的中国公民游客总体满意度为 76.60，在 24 个抽样国家中排名第 19。

2. 问卷调查分析

问卷总体满意度平均得分为 7.83，比总体平均分 7.89 低 0.06；得分最高的三项是空气质量、自然生态和自驾车，得分分别为 8.25、8.25 和 8.21；得分最低的三项是供水和水质、旅游质量是否与旅游价格相符和旅游价格是否合理，得分分别为 7.67、7.62 和 7.50。

3. 网络评论分析

2017 年蒙古评论调查的游客满意度指数为 76.37，较境外游总体满意度平均值低 3.18。各单项满意度除购物和旅游业外皆高于 70，其中，预订和旅行社得分最高，分别为 84.02、81.84；满意度最低的是旅游业管理，为 64.67。

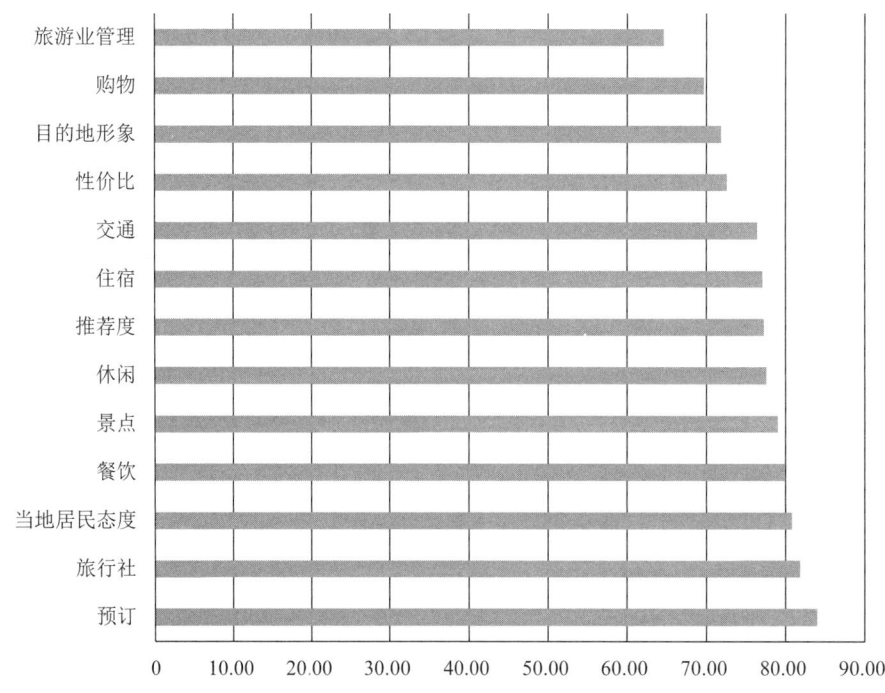

图 4-21　蒙古各项目得分

第四章 目的地满意状况
Chapter 4 Destination Satisfaction

二、不太满意水平

(一)越南

1. 游客总体满意度得分及排名

全年到访越南的中国公民游客总体满意度为76.21,在24个抽样国家中排名第20。

2. 问卷调查分析

问卷总体满意度平均得分为7.50,比总体平均分7.89低0.39;得分最高的三项是自驾车、农业现代化和长途客运站,得分分别为7.96、7.88和7.86;得分最低的三项是卫生设施、无障碍设施和安全感,得分分别为7.36、7.34和7.25。

3. 网络评论分析

2017年越南评论调查的游客满意度指数为81.42,较境外游总体满意度平均值80.55高0.87。各单项满意度皆高于74,其中,当地居民态度和预订得分最高,分别为88.84、88.06;满意度最低的是旅游业管理,为74.52。

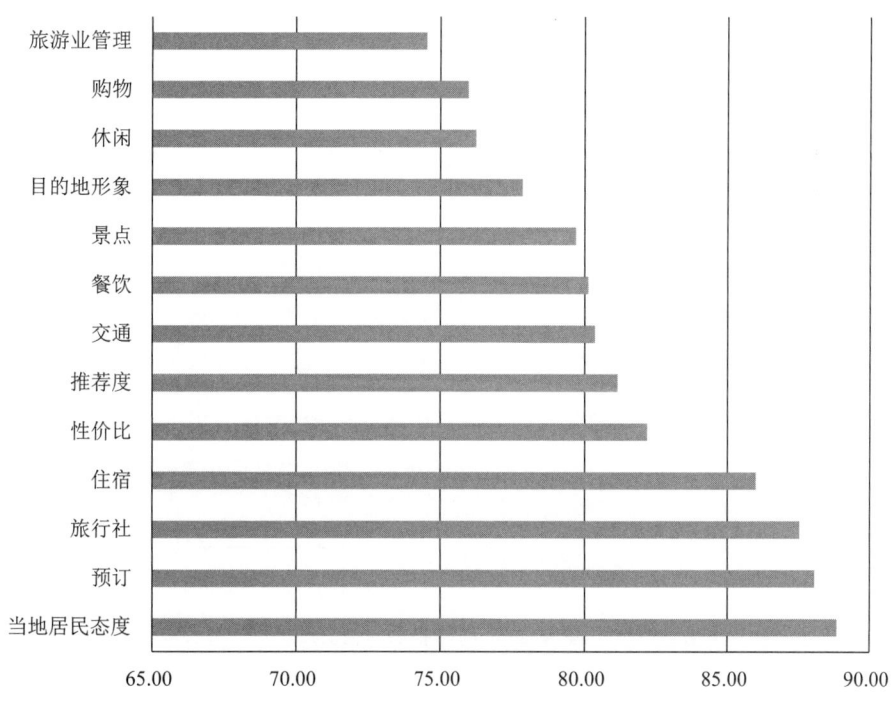

图4-22 越南各项目得分

(二)南非

1. 游客总体满意度得分及排名

全年到访南非的中国公民游客总体满意度为76.09，在24个抽样国家中排名第21。

2. 问卷调查分析

问卷总体满意度平均得分为7.61，比总体平均分7.89低0.28；得分最高的三项是自驾车、火车站和自然生态，得分分别为8.11、7.96和7.96；得分最低的三项是旅游价格是否合理、安全感及中文标识、信息和服务，得分分别为7.39、7.33和7.31。

3. 网络评论分析

2017年南非评论调查的游客满意度指数为81.10，较境外游总体满意度平均值80.55高0.55。各单项满意度皆高于73，其中，住宿和旅行社得分最高，分别为87.49、87.19；满意度最低的是旅游业管理，为73.30。

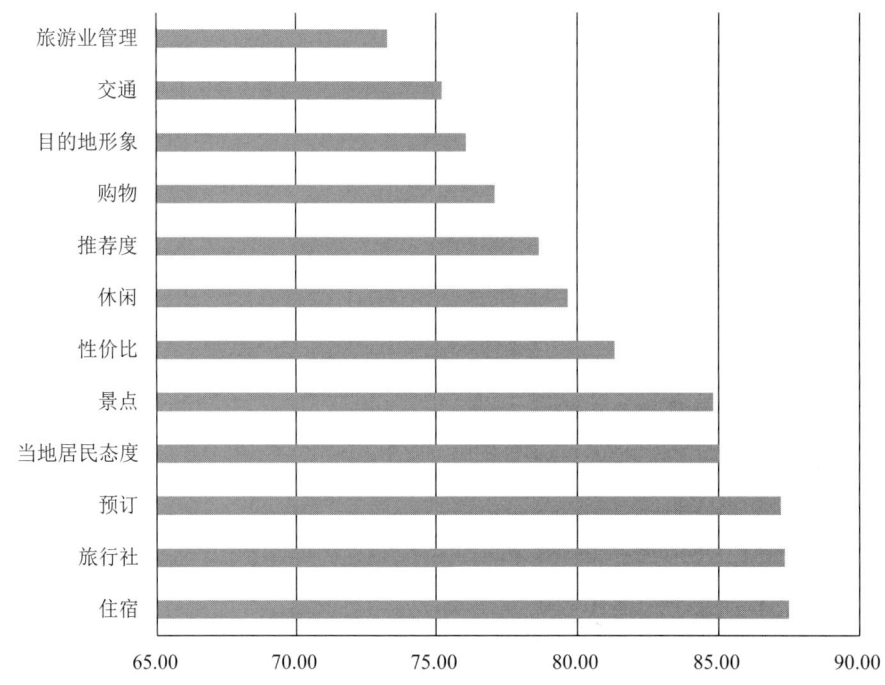

图4-23 南非各项目得分

(三)柬埔寨

1. 游客总体满意度得分及排名

全年到访柬埔寨的中国公民游客总体满意度为75.66,在24个抽样国家中排名第22。

2. 问卷调查分析

问卷总体满意度平均得分为7.55,比总体平均分7.89低0.34;得分最高的三项是自驾车、美丽程度和服务水平,得分分别为8.00、7.89和7.87;得分最低的三项是施工管理、现代化程度及中文标识、信息和服务,得分分别为7.39、7.38和7.28。

3. 网络评论分析

2017年柬埔寨评论调查的游客满意度指数为81.17,较境外游总体满意度平均值80.55高0.62。各单项满意度皆高于79,其中,预订和旅行社得分最高,分别为87.97、87.88;满意度最低的是旅游业管理,为74.38。

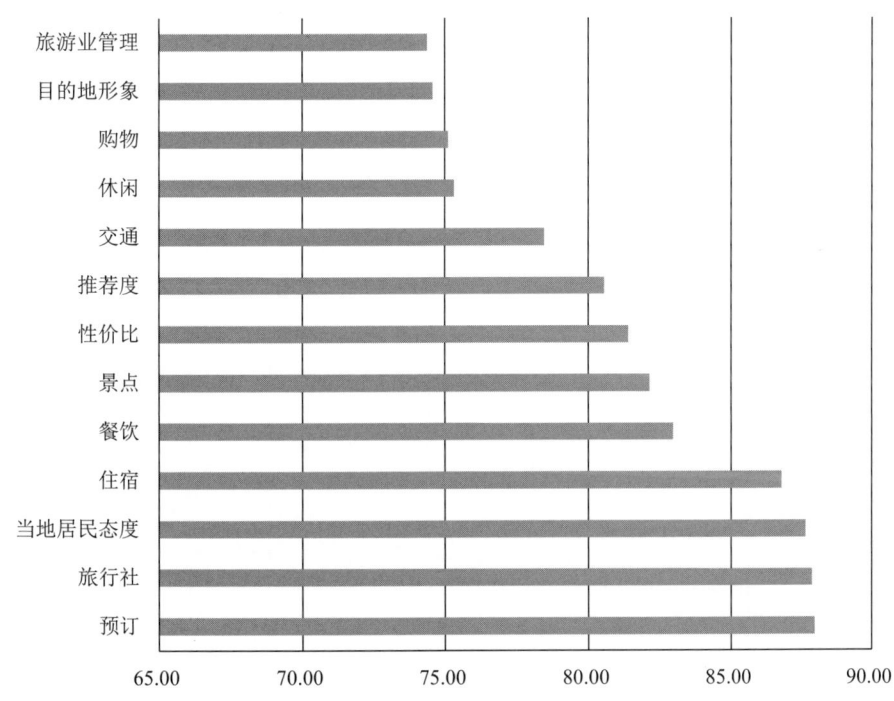

图4-24 柬埔寨各项目得分

(四)印度

1. 游客总体满意度得分及排名

全年到访印度的中国公民游客总体满意度为 75.33,在 24 个抽样国家中排名第 23。

2. 问卷调查分析

问卷总体满意度平均得分为 7.54 分,比总体平均分 7.89 低 0.35;得分最高的三项是自驾车、出租车和长途客运站,得分分别为 8.06、8.00 和 7.93;得分最低的三项是市容市貌,中文标识、信息和服务及安全感,得分分别为 7.40、7.35 和 7.30。

3. 网络评论分析

2017 年印度评论调查的游客满意度指数为 77.19,较境外游总体满意度平均值 80.55 低 3.36。各单项满意度皆高于 79,其中,当地居民态度和旅行社得分最高,分别为 85.55、85.32;满意度最低的是旅游业管理,为 68.71。

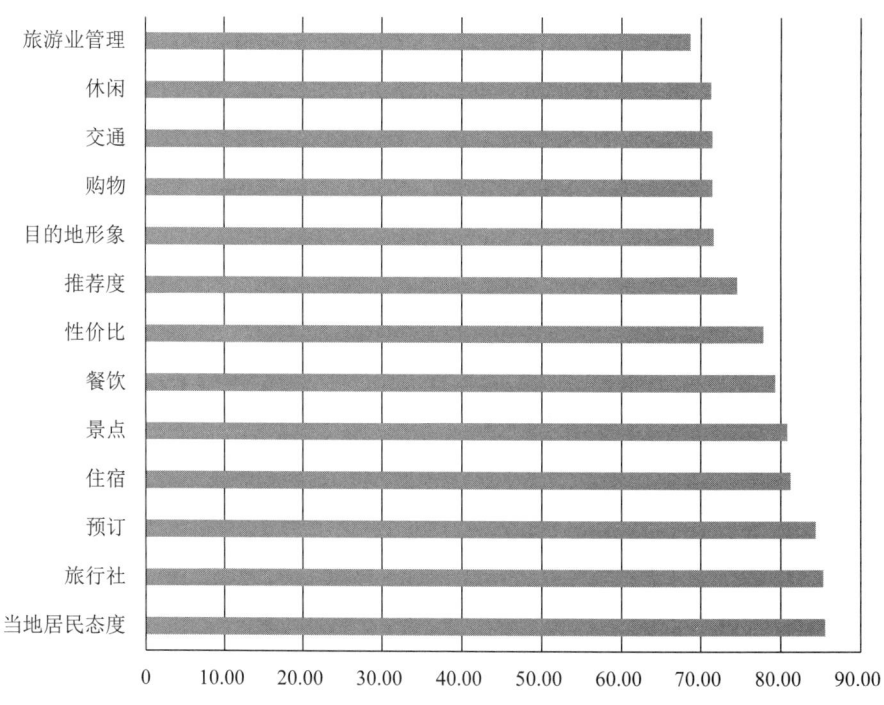

图 4-25 印度各项目得分

（五）菲律宾

1. 游客总体满意度得分及排名

全年到访菲律宾的中国公民游客总体满意度为75.12，在24个抽样国家中排名第24。

2. 问卷调查分析

问卷总体满意度平均得分为7.57分，比总体平均分7.89分低0.32分；得分最高的三项是自驾车、景区景点和形象，得分分别为8.11、7.94和7.94；得分最低的三项是中文标识、信息和服务、施工管理和安全感，得分分别为7.52、7.51和7.50。

3. 网络评论分析

2017年菲律宾评论调查的游客满意度指数为78.29，较境外游总体满意度平均值低2.26。各单项满意度皆高于72分，其中，当地居民态度得分最高，为88.2分；满意度最低的是旅游业管理，为72.39分。

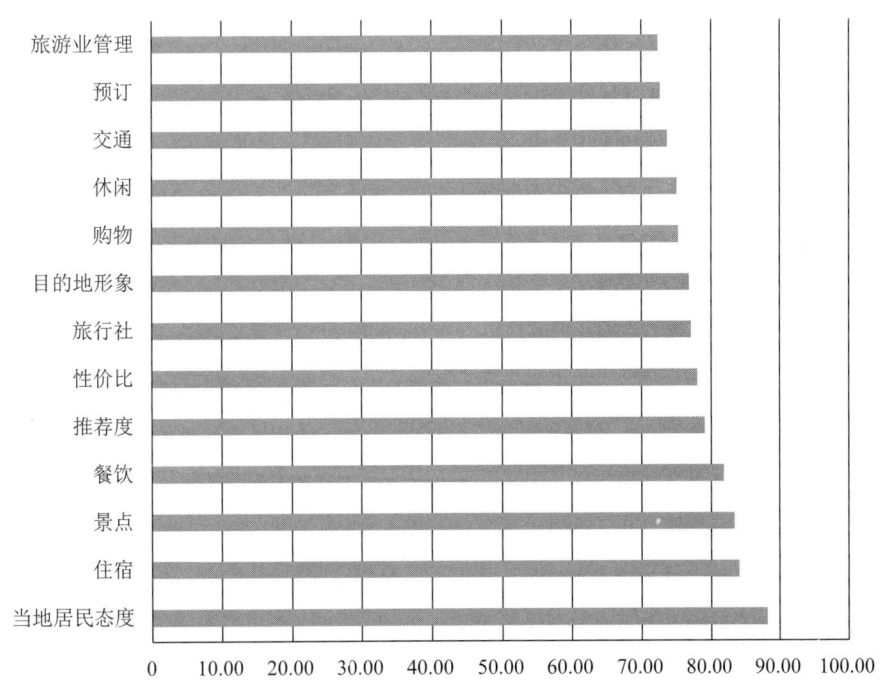

图4-26 菲律宾各项目得分

第五章

2018年我国出境旅游发展趋势与建议

第一节 2018年我国出境旅游发展趋势

2018年中国出境市场将保持增长势头，预计出境旅游人次数将达到1.42亿人次，同比增长9.0%。

一、全球经济回升但仍存在不确定性，旅游业特别是中国市场将进一步得到重视

全球经济回升已变得更为广泛、更为强劲。国际货币基金组织2018年4月发布的《世界经济展望》称："发达经济体今年和明年将继续以超过潜在增长率的速度扩张，随后经济增长将减速，而新兴市场和发展中经济体的增长将加快，随后趋于稳定。在依然有利的金融环境下，预计2018年和2019年的全球增长率将升至3.9%。"但这种有利的增长势头最终会放缓，许多国家将面临具有挑战性的中期前景。根据世界旅行与旅游理事会（WTTC）《2018旅行与旅游全球经济影响报告》，2017年旅游业增加值相当于全球GDP的10.4%，提供了3.13亿份工作岗位，占全球工作岗位的9.9%。旅游行业预计将保持蓬勃的发展态势，产业的重要性将日益凸显，各国会在面临经济风险情况下加大对旅游市场的投入，通过旅游发展带动经济复苏。

作为世界第一大客源市场，中国对全球旅游业的影响力与日俱增。世界旅游组织2018年1月发布的《世界旅游晴雨表》显示，2017年中国出境旅游再次强劲增长，继续引领全球出境旅游市场的发展。根据中国旅游研究院与携程旅行网发布的《2017出境旅游大数据报告》，中国已经成为泰国、日本、韩国、越南、柬埔寨、俄罗斯、马尔代夫、印度尼西亚、朝鲜、南非等10个国家的第一大入境旅游客源地，中国游客在这些国家国际游客中的占比最高达30%。中国也是美国、阿联酋、英国、新西兰、菲律宾、斯里兰卡、加拿大等国家的重要客源国。2017年，中国还成为赴南极旅游的第二大客源国。世界旅游旅行联合会发布的《2018旅行与旅游全球经济影响报告》提出，预计到2020年，中国将超越美国、英国和德国，成为长途旅游最大的客源市场。报告还指出，未

来十年，6000多万中国家庭的年收入将超过35 000美元，出境游成为可负担的消费之选。预计到2023年，中国旅客平均每次出境游的开销将增长近75%，其中超过85%的旅游会选择全球各大主要城市作为旅游目的地。由此可以预测未来各国和地区针对中国市场的投入会进一步加大，包括加强旅游基础设施建设（航空、地面和港口）、改善中文环境、降低签证门槛、加强领事保护等措施吸引中国游客。

二、中国内部发展环境持续优化，更多中国游客会将出境旅游作为美好生活的有机组成

中国宏观经济形势将为出境旅游提供良好的支撑。根据李克强总理的《2018年政府工作报告》，2018年国内生产总值增长6.5%左右，城镇新增就业1100万人以上，居民收入增长和经济增长基本同步。

各类基础设施的建设，特别是国际航线的开通将使得中国公民出境旅游更为便利。根据民航局发布的最新统计数据，2017年，国际航线旅客量达到5544.2万人次，增长7.4%，港澳台航线的旅客量达到1027万人次，增长4.3%，合计乘坐飞机的出境旅游总人次达到6571.2万。从旅客周转量看，国际航线同比增长14.6%，高出国内航线1.4个百分点。近五年来，我国国际航线由381条增至784条，国际定期航班通航国家由52个增至61个，通航城市由121个增至167个；国际航空旅客运输量年均增长18.8%。截至2017年底，已有122个国家和地区与我国签订双边航空运输协定，比2016年底增加2个（巴拿马、斯洛文尼亚）。

国内交通条件的改善将为客源市场从一线城市向二三四线城市的延伸进一步提供条件。李克强总理在《2018年政府工作报告》指出，过去5年，中国的高速铁路运营里程从9000多公里增加到2.5万公里，占世界2/3，高速公路里程从9.6万公里增加到13.6万公里。中国旅游研究院与携程旅游集团共同发布的《2017出境旅游大数据报告》显示，排名前20位的出境旅游出发城市，除北上广深之外，还包括16个出境游"新一线"城市。成都作为新一线城市的榜首于2017年超越深圳位居出境游人数第三位。西安和长沙作为出境游人数上升迅速，排名靠前。

国际合作的空间将进一步扩大与优化。《2018年政府工作报告》中指出，将

推进"一带一路"国际合作，推动国际大通道建设，深化沿线大通关合作，加大西部、内陆和沿边开放力度。旅游领域正在形成以边境与重点国家/地区的国际合作格局。2018年4月国务院同意设立内蒙古满洲里、广西防城港边境旅游试验区，有利于以沿边重点地区为重点扩大改革开放与国际合作。2018年将要开展的中国—加拿大旅游年、中国—欧盟旅游年，将会促进中国与相关国家与地区旅游合作体制机制的常态化、市场认知程度的扩大。

三、旅游需求更趋多样化，目的地成为本地居民与游客共享的生活空间

从旅游人群来看，中青年人群依然将是出境游的主要消费力量，与其财富、体力相匹配。更多的80后、90后、00后游客将加入出境游的队伍。从旅游计划的时间来看，受惠于签证环境的不断优化，出境旅游的计划周期正在不断缩短。从旅游内容来看，中国游客对于体验当地人生活方式的需求逐渐增长。中国旅游研究院与携程旅游集团共同发布的《2017出境旅游大数据报告》中，根据相关网络搜索，美食（96）、自然探索（95）、户外运动（95）、避寒避暑（79）、城市休闲（78）、深度体验（71）、疗休养（70）等当地化的旅游体验内容最为中国游客所青睐。从旅游方式来看，自由行的旅游需求趋于增长，即便是团队游客，对目的地弹性时间安排的要求也正在加强。

四、技术创新扩大旅游供给，为游客体验当地生活创造更好条件

共享经济从微观层面自下而上推动着旅游供给侧的变革，不断创新旅游设施和服务供应形式与规模，为扩展游客体验当地生活的深度和广度创造了条件。国外的EatWith等餐饮共享方式能够让游客体验当地的家常美食与特色厨艺，还将美食、社交、文化等多种元素融入其中，构造出一个文化交流的平台。相对传统住宿业，airbnb等住宿共享企业可以为游客提供更为人性化的服务、更加多元化的选择、更具特色的住宿产品以及更生动的地域文化体验，丰富了旅游住宿的供给范围和供给形式。Uber等平台以及共享单车走出国门，不仅能够合理利用闲置的交通设施资源，还为游客深入目的地体验文化和生活方式提供

了接口。多个境外用车平台整合了海外华人、留学生以及会中文的外国人等当地人服务资源，为中国出境游客提供全方位的导游和用车等服务，增加其对目的地风土人情的深度体验。

移动互联网、无线客户终端设备，特别是以语音交互技术为核心的手持翻译设备的不断完善，使出境游客更容易地突破信息不对称的窘境，更加快捷、便利地获知相关旅游信息。各类支付方式延伸到境外，特别是覆盖餐饮、超市、百货、便利店、免税店、主题乐园、海外机场、退税等所有中国游客的消费场景，将进一步提升消费水平、扩展消费内容。

第二节 2018年我国出境旅游发展建议

一、旅游主管部门应倡导并践行自由、开放和公正的国际旅游环境

近年来，部分国家与地区开始向入境游客征收各种形式的旅游收费。如日本国会于2018年4月表决通过《国际观光旅客税》法案，自2019年1月7日起，向每名离境者征收1000日元"出境税"（约合人民币58元）。澳大利亚政府从2017年7月1日起向每个乘坐飞机的离境游客征收60美元（约合人民币381.1元）的离境税，税费包含在机票中。马来西亚从2017年9月1日起向外国游客征收住宿税，外国游客入住任何星级的住所或酒店，每房每晚征收10林吉特（约合人民币15.6元）。马尔代夫旅游法第八次修正案规定于2016年10月1日开始对酒店入住游客每人每日征收6美元（约合人民币38.1元）的住宿税。土库曼斯坦从2017年8月1日起对境内居住在宾馆和私人住宅的外国公民和无国籍人士每天收取2美元（约合人民币12.7元）的旅游税。相关产业政策，出于对旅游外汇的流入及其乘数效应的考虑，从局部、短期来看，似乎是合理的，但是从全局、长期的战略视角看，不仅违背了世界旅游发展的宗旨与目标，而且可能引发新一轮的旅游贸易保护，如引发更多目的地国家与地区仿效，将对国际旅游的持续发展造成不可预计的负面影响。因此，需要反对任何有悖于旅游领域"逆全球化"的行为，倡导降低国际游客的税费负担，维护自由、开放、公正的国际旅游发展环境，推动国际间的互惠互利与合作共赢。

二、旅游目的地应提供更多让中国游客体验当地生活方式的旅游产品和有针对性的细节服务

出境旅游市场正在从自发的、情绪化的增长转向自觉的、理性化的增长。随着旅游目的地的选择范围更加广泛，中国游客的消费经验日益累积，境外旅游目的地需要提供更多体现当地生活方式的旅游产品和服务，以适应日渐增长的中国游客对于当地化的场景体验需求。随着旅游范围的扩大、第一次出境游客规模的增多、体验异地生活场景的需求提高，境外目的地需要为中国游客提供更为便利的消费环境。如在中文环境方面，进一步提升中文旅游指南、酒店中餐厅、中文电视节目、中文网站、中文客房等服务内容。在公共服务方面，能够更有效地解决国际间游客投诉、提供更为安全的旅游环境、提供合乎中国游客习惯的支付环境等。目的地国家和地区政府，特别是营销推广机构，需要从有效提升中国游客满意度的目标出发，从更多的细节上去做文章。

三、旅游相关企业应围绕出境游客需求延伸产业链条、提升产品品质

旅游相关企业可结合"一带一路"倡议，通过海外并购、联合经营、设立分支机构、股权收购、业务拓展等方式，加大对目的地旅游资源的整合力度，将产业链条从客源地延伸到目的地的各个环节，建立面向中国公民的、更加富有弹性的境外旅游接待体系。同时在各自优势业务上进行深度协作，不断与体育、康养、零售、金融、互联网等产业加深融合，使出境游业态更加多元，满足游客更加细分的需求。利用好鼓励大数据基础上的出境旅游信息，更加精准地了解我国游客的出境空间分布、出游需求、消费特征等，并据此提供相应的产品服务和公共服务解决方案，以及包括移民、游学、海外置业等在内的延伸商业服务方案。

后 记
POSTSCRIPT

出境旅游发展年度报告从2003年始，由杜江同志牵头编制出版。自2008年开始，该报告由中国旅游研究院组织力量编制。为使境外读者方便阅读，报告从2009年开始出版中英文双版。报告在延续调查方案与研究范式的基础上，一直在进行不断完善与创新。呈现在大家面前的这份报告更加专注于对出境旅游市场的分析与研究。

为更加清晰直观地展现出境旅游市场的总体状况，该报告从2017年中国出境旅游总体状况、客源地产出特征、目的地消费行为与满意状况，2018年发展趋势与建议递次展开。以期使境内外旅游主管部门、相关旅游企业与研究机构能够获得中国出境旅游发展全面而深入的信息，对其经营管理、政策制定、发展战略、教学研究等方面提供有益的参考。

整个项目由杜江与戴斌同志提出研究框架，经课题组全体成员讨论后形成了包括问卷设计、访谈提纲、调研组织在内的年度工作方案。从2010年开始，市场调研的对象扩展到北京、上海、广州、重庆、成都、西安、沈阳与杭州8个口岸城市。工作组在对各典型城市的地方旅游主管部门以及代表性出境游组团社进行实地调研基础上，结合市场调研与境内外数据收集整理，并经多次讨论修订，形成终稿。

本份报告的主要执笔人分工如下：导言，蒋依依；第一章，王书悦、戴慧慧、蒋依依；第二章，郭娜、杨丽琼、杨劲松、王书悦；第三章，王书悦、何琼峰、张佳仪；第四章，汲忠娟、何琼峰、张佳仪；第五章，蒋依依。

书中数据如无特殊说明，来自中华人民共和国文化和旅游部数据中心的统计数据以及中国旅游研究院的抽样调查数据。

我们期待着出境旅游年度报告与中国的出境旅游共成长,为市场、产业与研究的理性成长贡献更大力量。

课题组

2018 年 5 月 28 日